角上魚類は
なぜ「魚離れ」の時代に
成功することができたのか？

魚屋の基本

石坂智恵美

ダイヤモンド社

魚屋の基本

はじめに

ここ数年、角上魚類（現角上魚類ホールディングス株式会社）を取り扱うテレビ番組の多いことが気になっていた。

朝昼のワイドショーや情報番組、夕方からのニュースやバラエティ番組で、年末年始を迎えたにぎやかな売場や目玉商品を紹介されることはわかる。その一方で、しっかりとした企業取材に定評のある経済情報番組にも、立て続けに取り上げられているのだ。

消費者の魚離れがいわれて久しい時代に、鮮魚専門店である角上魚類が繁盛していることへの驚きと、その疑問を解決しようという番組側の意図が一つ。また、リーマンショック後の世界同時不況や消費税増税による消費低迷をものともせず、角上魚類が右肩上がりで売上を伸ばしているのはなぜか？　その謎を解明したいというのが、マスコミに取り上げられる主な理由なのだろう。

角上魚類のあらましは、こうだ。

本社・新潟県長岡市（旧寺泊町）。
平成二八年に設立四〇周年を迎える鮮魚小売業。
平成二八年八月現在、関東地方を中心に直営店を二二店舗展開。
年商三〇六億円（平成二七年度実績）。

一連のテレビ取材について、角上魚類の設立者であり代表取締役社長を務める栁下浩三《やぎしたこうぞう》は、こう分析する。

「広告費を出してテレビに取り上げてもらっているわけではありません。平成二一年にサービス産業生産性協議会（発足時の代表幹事はウシオ電機株式会社代表取締役会長・牛尾治朗氏）主催の『ハイ・サービス日本三〇〇選』第七回受賞企業に選ばれました。鮮魚店では新潟県内はもとより、全国から初めての選出、受賞でした。

経済産業省も関わるこのサービス推進プロジェクトでの受賞企業ということもあり、受賞後まもなくポツン、ポツンとテレビ取材が入るようになりました。取材の動画は、番組のサイトなどを通じてインターネットに拡散されたようで、『魚離れが進んでいる中、売上を伸ばしている面白い会社がある』と次々と取り上げられるようになりました。

結果としてたくさんのテレビ局が角上の店を取材し、賑わっている店舗の映像を流してくれたおかげで、これまで角上に来たことのないお客様が『一度、行ってみよう』とご来店になり、リピーターとして定着したわけです。『魚を買うなら角上魚類』という口コミが広がって、宣伝費をかけずに『顧客開拓』につながったのはラッキーなことでしたね」

テレビ番組に取り上げられるにつれ、角上魚類の成功の秘訣を聞こうと、経済界、商業界の集まりに柳下社長が呼ばれ、講師を頼まれることも多くなったという。

店舗を訪れた一般消費者の口コミはインターネットで拡散され、その情報を見聞きしてお客はさらに集まる。

たとえば東京都の西部に位置し、新青梅街道沿いにある小平店（東京都東久留米市）。売場面積は約一四〇坪、年商は二九億三〇〇〇万円（平成二七年度三月期）で、角上魚類二二店舗の中でも、トップクラスの売上と来店者数を誇る。鮮魚専門店としては、日本屈指の繁盛店であり、店内には七〇〇〜一〇〇〇アイテムの商品が並ぶ。

新潟で競り落とされた日本海の魚が昼どきを目指して小平店に到着すると、それを待ち望んでいた常連客がわんさと集まってくる。年配客ばかりではなく、若いカップルや小さな子ども連れのママたちも多く、目を輝かせながら一匹ものの艶めいた魚たちを物色する。

一般客に交じって、寿司店や割烹、居酒屋を営む「魚を扱うプロ」たちも、対面販売の陳列ケースを、真剣な目つきで覗いて歩く。品定めをすると馴染みの店員を相手に、今日入った魚の鮮度や調理法を確かめている。

ある日のこと。

小平店を訪れたところ、その日最も活きのいい魚を陳列する対面販売コーナーにはいつものように、十分な魚類が並んでいたが、かたわらに、

「本日、時化《しけ》のため、十分な品揃えができず申し訳ございません」

と謝りの札が出ていた。

しかし、そんなことにはお構いなしに、魚は次々と売れていく。

角上魚類では身おろし、皮引き、腹抜きが無料なので、魚を買ったお客からどんどん加

工の依頼が入る。身おろしをする順番待ちの番号札が、陳列ケースを挟んで、店員とお客との間であわただしく交換されていく。

マスコミで取り上げられて急激に人気店となった店は、ブームが落ち着くと反動で売上減に見舞われることも珍しくない。しかし、角上魚類は着実に業績を伸ばし続け、テレビ番組でも相変わらずその店頭風景が取り上げられている。

それはひとえに鮮魚専門店として顧客の支持に揺ぎないことの証である。

本書では柳下浩三社長の経営の基本、商売の秘訣について探っていきたい。

目次

第一章

「魚屋の基本」から生まれた独自のビジネスモデル

第二章

柳下浩三ものがたり

COLUMN

栁下浩三印象記

第三章

経営方針と店舗運営の秘訣

第一章

「魚屋の基本」から生まれた独自のビジネスモデル

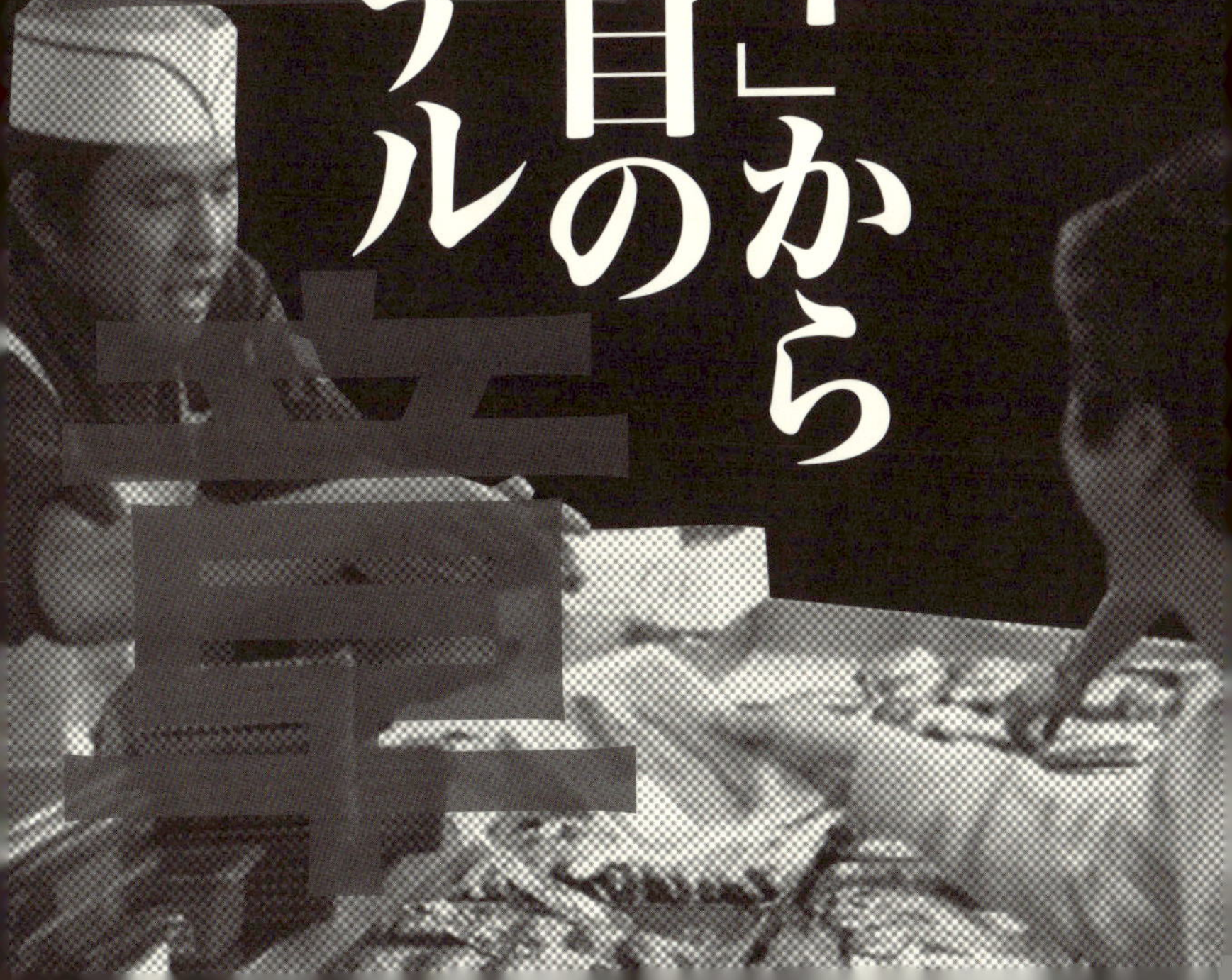

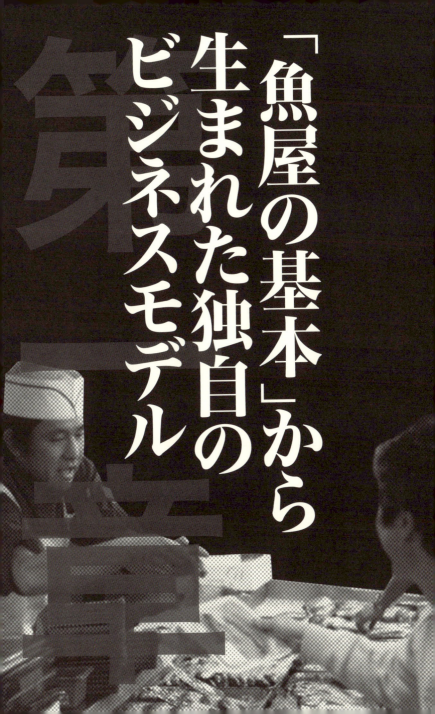

「プロ」による対面販売が支える右肩上がりの売上

水産庁の調査から、現代日本人の魚の消費状況を見てみる。

平成二六年度水産白書「水産物消費の状況」の項から、「食用魚介類の1人当たり年間消費量（純食料）の推移」を見ると、一人当たりの年間消費量は四〇キログラム弱の数値で推移していたものの、平成一三（二〇〇一）年度の四〇・二キログラムをピークに減少に転じている（図表1）。平成二二年度にとうとう三〇キログラムを割り、平成二五年度には二七キログラムとなった。

この数値から明らかに魚離れが進んでいることが読み取れる。これは鮮魚を扱う角上魚類にとっては、大きな問題であろう。

しかし、ここ数年の売上高は、店舗数が増えていない状況で順調に伸び続けている（18～19ページ・図表2）。

図表1　食用魚介類の1人当たり年間消費量(純食料)の推移

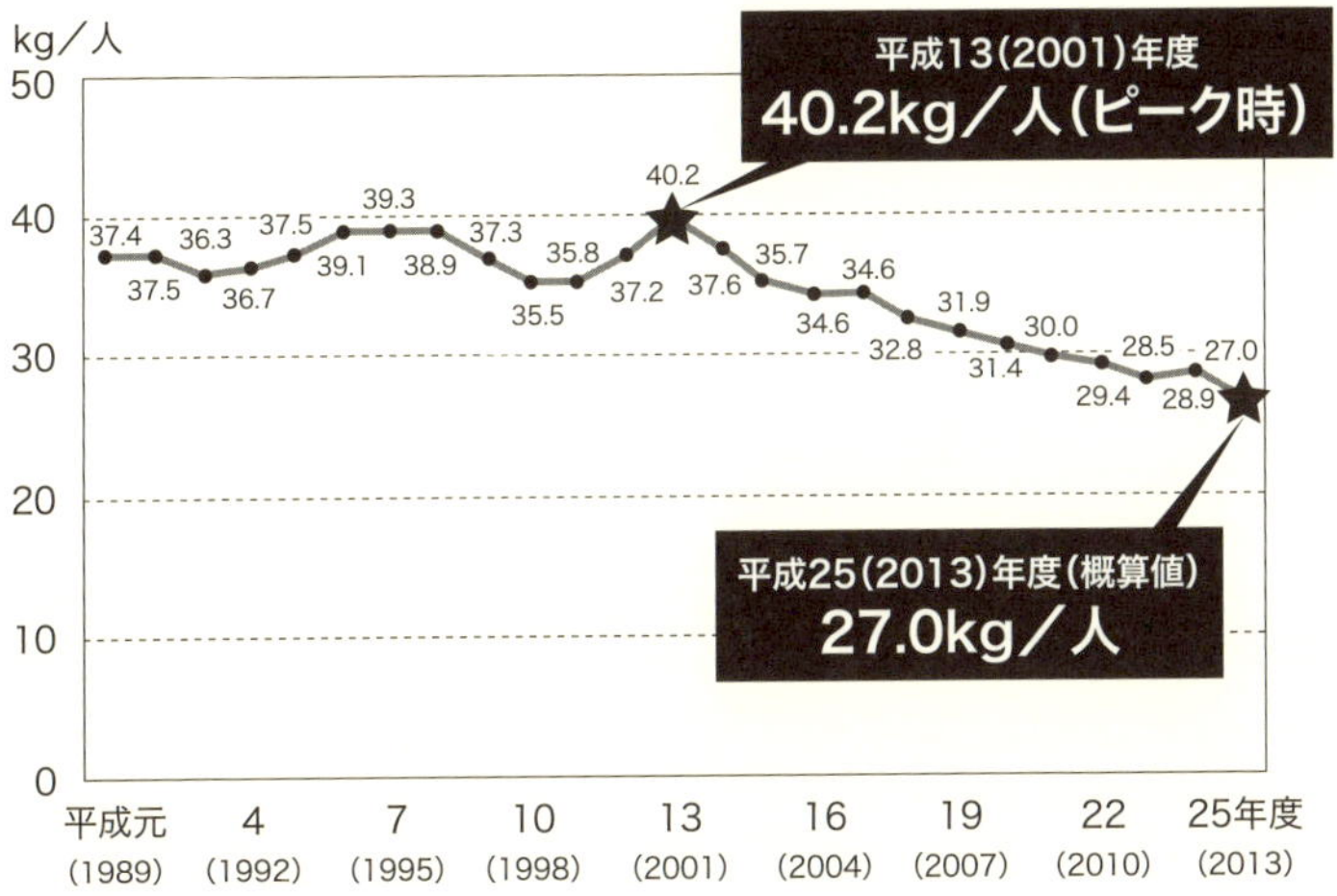

資料:農林水産省「食料需給表」

日本人の魚離れに対して角上魚類の業績が伸び続けていることについて、柳下社長は、

「現代の人は魚嫌いではないし、魚離れをしたくてしているのではない。だから心配はしていない」と、言うのである。

柳下の分析をまとめると、こうだ。

魚離れの大きな要因となったのは、昭和三〇年代から四〇年代にかけて台頭してきたスーパーマーケットである。

多店舗化を進めてきたスーパーマーケットは効率重視のため、常に棚に並べられるように一定の漁獲高が見込まれ、なおかつ無難に売れる魚種（たとえばサケやサバ、イワシなど）のみを売ろうとする。多少鮮度が悪い魚でも品切れを避けるために仕入れるし、バックヤードでは身おろしや切り身パックなどもマニュアル化して、魚に合わせた工夫というものをしない。目的は大量販売なので、魚の「旬」にも無頓着であり、「旬をそれた魚はうまくない＝うまくない魚は売らない」という、鮮魚店にあるべき基本的な仕事が全うされない。

消費者は切り身が中心の、決まりきった魚しかない売場を覗き、よしんば買ったとしても旬を無視した魚でうまくはないから、だんだんと魚から離れていく。そうして今の四〇代、五〇代、六〇代の消費者が食べなければ、その子どもたちもおいしい旬の魚を食べる機会を逃す。魚のおいしさを知らないまま成長するので、結局、大人になっても魚を食べない。

つまりは効率を重視するスーパーマーケットが、店の都合を最優先し、ロスの出ない商品、ロスの出ない売り方をするようになった結果、消費者においしい魚を伝えることができなくなった。

今起きている現象は、うまい魚を食べられなくなった消費者の「魚食体験の乏しさによる魚食文化離れ」であり、決して「魚離れ」ではないのである。

食料品や日用品を短時間で選び、買うという欧米式スーパーマーケットの便利さが、思いもかけず、日本の魚食文化を人々の暮らしのすみに追いやってきたのだ。

この負のスパイラルを断ち切るのが、「昔ながらの魚のプロの仕事」だと柳下はいう。

「島国で魚食文化を営んできた日本人なのだから、そもそも魚が好きなのです。魚屋が、魚のおいしさや調理法を教えながら商売をすれば、みんな魚を食べるんですよ」

今、角上魚類がこれだけ繁盛しているのは、魚屋のプロとしてやるべきことをやっているからなのだと、胸を張る。

昔、商店街に軒を連ねた商店はどこも、買物に立ち寄る客を相手に、鮮度や味など商品のよさを説明し、勧めたものである。昭和五九年に柳下が、群馬県の高崎店を皮切りに関東圏へ進出した際に目指したのは、まさにその、消費者が古くから馴染んできた「対面販売」を重視した店づくりだった。

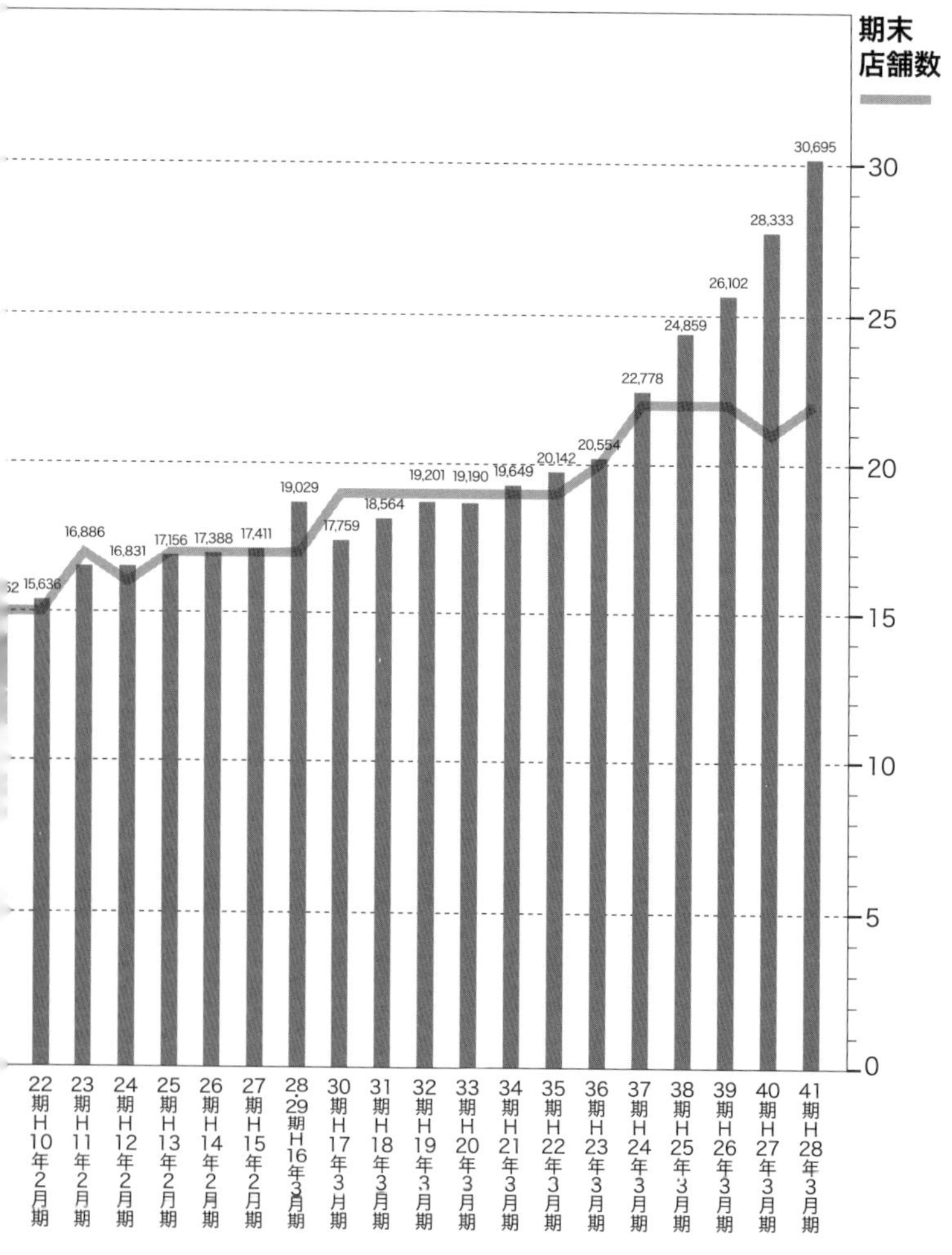
期末
店舗数
30,695
28,333
26,102
24,859
22,778
20,554
20,142
19,649
19,190
19,201
18,564
17,759
19,029
17,411
17,388
17,156
16,831
16,886
15,636
30
25
20
15
10
5
0
22期 H10年2月期
23期 H11年2月期
24期 H12年2月期
25期 H13年2月期
26期 H14年2月期
27期 H15年2月期
28・29期 H16年3月期
30期 H17年3月期
31期 H18年3月期
32期 H19年3月期
33期 H20年3月期
34期 H21年3月期
35期 H22年3月期
36期 H23年3月期
37期 H24年3月期
38期 H25年3月期
39期 H26年3月期
40期 H27年3月期
41期 H28年3月期

図表2　角上魚類の売上高と店舗数の推移

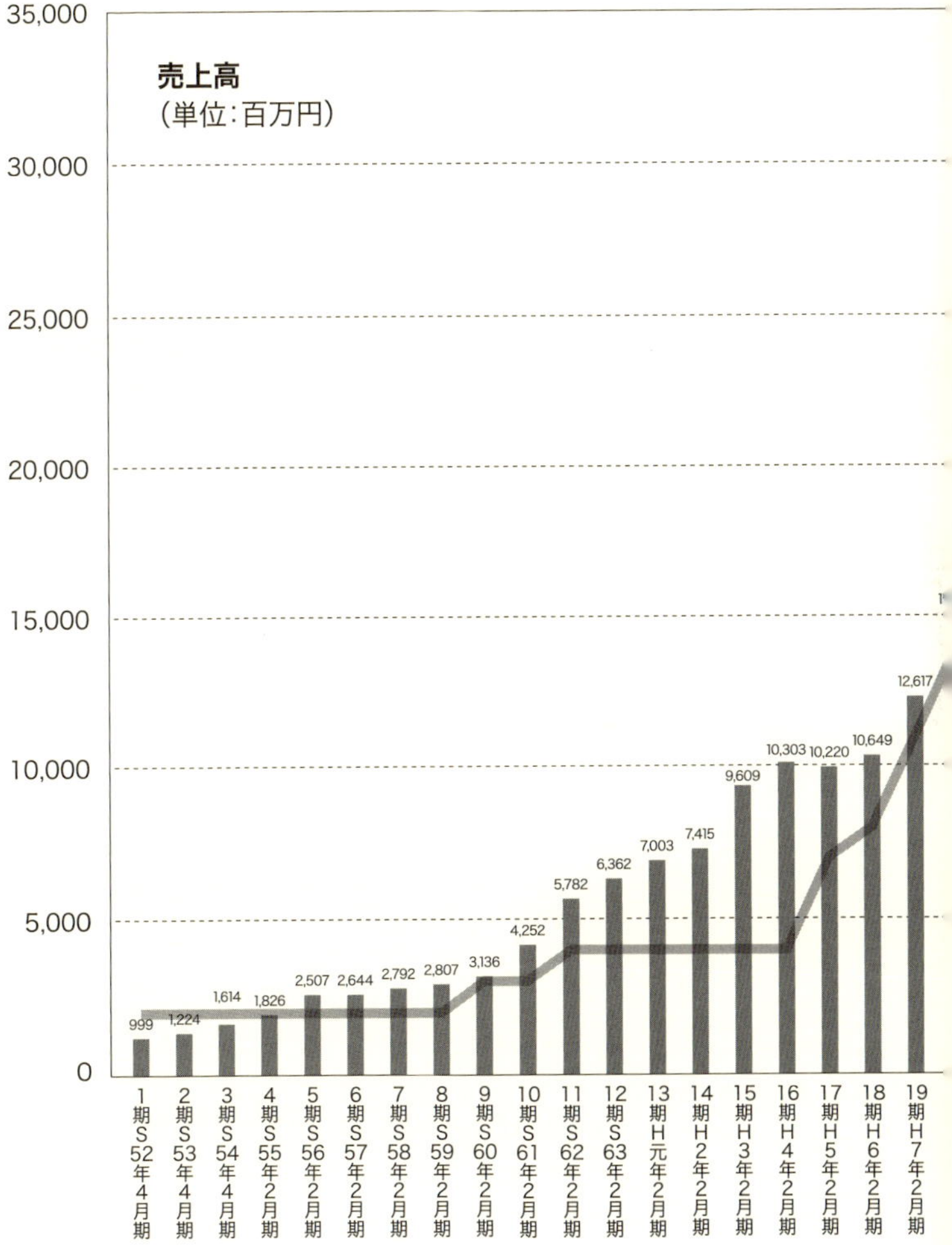

仕入れた魚はとびきり新鮮、氷を張った大きなバットに並べられるのは、今が旬なさまざまな魚たち。

「かぁちゃん、とうちゃん、今日はこれが安いよ、あれが安いよ」

魚の説明をしながら、

その日獲れたての魚をおろしてくれる職人。

店頭では大鍋で魚が煮付けられ、

塩焼きした魚が香ばしい匂いを漂わせて並ぶ。

あるべき形の「魚屋の姿」が、角上魚類各店で再現されてきたのである。

スーパーマーケットで魚といえばサンマやイワシ、サバやサケの切り身くらいしかないという状況の中、角上魚類では日本海で水揚げされた豊富な種類の魚をずらりと並べ、その調理法まで教えてくれる。そうした丁寧な店づくりで、角上魚類は魚食から離れかけていた関東圏の人々に受け入れられた。

「この魚は煮て食べてみて、こっちは天ぷらにしたらいいよと教え、頼まれれば一尾ものを切り身や刺身に作った。それをお客様が食べて、『魚というのはこれほどおいしいものか』と再認識してリピートしてくれる。うまいものを食べれば、これが当たり前の反応なんですよ」

栁下は世間でいう「魚離れ」にも「魚嫌い」にも、いっさい危機感は抱いていないと言う。栁下には来店する消費者の期待感や満足感が、その一人ひとりの表情の中に見えているのだろう。

「角上魚類を取材してくれたテレビ番組も、お客様のいい笑顔を私どもに届けてくれました。関東の店を利用されているお客様の子どもたちが、角上の魚を食べておいしいと言ってくれる様子には励まされます。番組の中で、子どもを回転寿司に連れていくと喜んで食べていたけれど、角上の寿司を一度食べさせたらそれっきり、角上以外の寿司は食べなくなったというんです。回転寿司に比べれば角上のものは値が張るから、本当は子どもに食べさせたくないのだけどと、親が言うんですよ（笑）。そういう笑顔に支えられているんだなと実感します」

水産庁の平成二二年度水産白書に、こんな悲観的な記述がある。

家庭での生鮮魚介類の購入数量を世代ごとに比較すると、年齢層が若くなるほど少なくなっており、現在三〇～三九歳の世代の生鮮魚介類購入数量は、現在六〇歳以上の世代の約三分の一にとどまっています。また、現在五〇歳以上の世代では、齢をとるにつれて、嗜好の変化などによって魚介類の購入数量が増えるという傾向（いわゆる「魚介類消費の加齢効果」）がみられますが、四〇代以下の世代では、加齢効果はみられなくなっています。

年齢と共に魚食の機会が多くなるはずの中年世代が、思いのほか魚を買っていないという調査結果である。

しかし、四年後の平成二六年度版を見ると、「水産物に対する消費者の意識」の項に、次のような明るい展望が記されてもいた。

水産物が健康に良いということは、多くの消費者に浸透しています。このため、若い世代を中心に水産物を用いた料理を増やしたいという意向は強く、母親が子供に食べさせたい食材に関する調査でも、一位の緑黄色野菜に次いで、七七％の母親が食べさ

図表3　母親が子供に食べさせたい食材

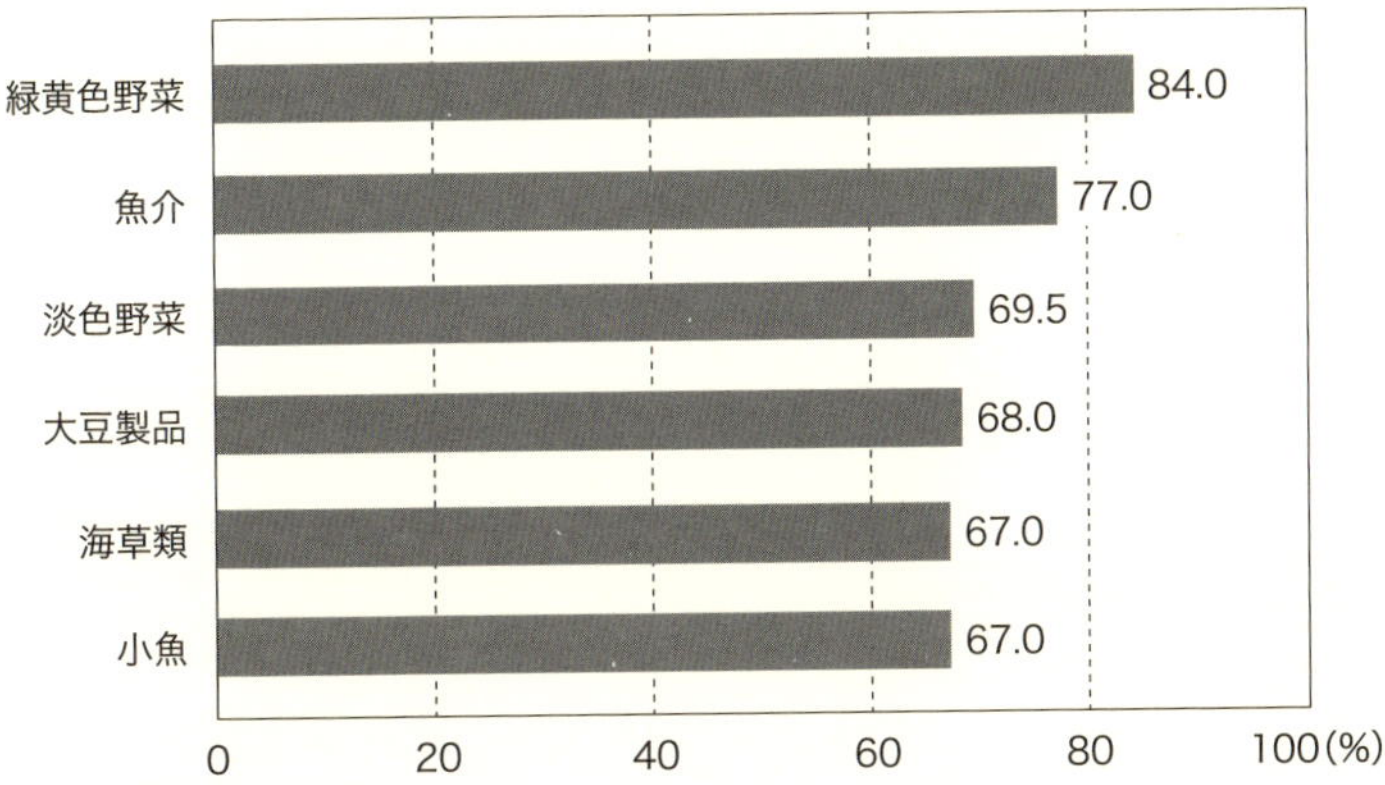

資料：味の素(株)「「最近の子どもの生活態度」に関する調査」(平成26(2014)年6月実施。3歳以上の園児から小学校3年生までの子供を持つ母親200名が対象。)
注：複数回答形式である。

せたい食材として魚介類を挙げています(図表3)。このように、子供を持つ消費者は健康を重視した食生活を望んでおり、このことは水産物消費にとって追い風であると考えられます。

水産物の年間消費量に反比例し、角上魚類が平成二三年以降、毎年二〇億円ずつ売上を伸ばしているという事実の陰には、魚食の復活を願う母親たちの後押しがあるのか——。

柳下のいう負の〝現象〟が消え、水産物の消費量が増加する時には、角上魚類の売上は一体どこまで伸びているのだろう。

驚異の廃棄率〇・〇五%！
なぜ「いい魚」を「安く」売れるのか？

魚種を増やして対面方式で販売し売上が増えるならば、どの鮮魚店も同じことをすれば角上魚類並みに繁盛することになる。

ところが、そうはならない大きな強みが、角上魚類には二つある。

第一に、地元新潟で仕入れた魚の直送便があること。

通常、鮮魚は各地の漁港で水揚げされたものが東京・築地市場に集結し、そこで買い取られる。水揚げされた地域によっては、築地で売りに出されるまで二日がかりのこともある。

その点、角上魚類では毎日築地市場で仕入れを行うと同時に、新潟市中央卸売市場で早朝競り落とした魚をそのままトラックで運び、各店に昼までには配送することになっている。

日本海側のギスやハタハタといった珍しい魚が、最高の鮮度をキープしたまま店頭に並ぶのだ。築地からの魚と合わせて約一〇〇種類の鮮魚が揃う様子に、買物客の角上魚類への期待感はおのずと高まる。

第二に、価格の安さである。角上魚類では鮮度が高く種類豊富な魚を、一般的なスーパーマーケットと比較して、二〜三割安く販売している。

角上魚類では、新潟と築地の両市場にそれぞれ八〜九人のベテランバイヤーがスタンバイし、バイヤー同士が電話でどちらの市場で、どの魚種をどれだけ買うかを決定する。新潟の市場は全国でも珍しい、売り手が売価を徐々に下げていく「下げ競り」という競り方式が採用されており、タイミングがよければ、通常よりかなり安い値段での買い付けが可能だ。二つの市場での仕入れを最適化することで、十分な粗利をあらかじめ確保しているのである。

バイヤーが当日の市場で「安くて、鮮度が高く、おいしい魚」をその目で見て、買い付ける。定番の魚だけを毎日ルーチンワークとして手配するスーパーマーケットなどの小売とは、ここが明らかに異なる。「買い付け」という行為が、市場の状況に応じてリアルタイムで生きているのだ。

七〇代後半にして社長でありバイヤーでもあり続ける柳下は、「買い付けについては誰にも負けない」と、本気になる。

売れ筋商品であっても、高ければ買わない。
新鮮で安ければ買う。
自分が食べてまずい魚は買わない、売らない。

と決め、新潟と築地でしのぎをけずる約二〇人のバイヤーにも、それを徹底させている。

さらに角上魚類の強い価格競争力を支えているのが、驚異的な廃棄率の低さである。

スーパーマーケットの廃棄率は、水産が平均七・八%、青果が同三・二%（平成二六年版『スーパーマーケット年次統計調査報告書』より）。水産は青果の倍以上のロス率である。鮮魚は管理に手間がかかる上、鮮度が落ちるのが早い。それだけ「めんどうな商品」なのであるにもかかわらず、角上魚類の廃棄率は、なんと〇・〇五%！

スーパーマーケットが角上魚類と同じ利益を確保するためには、廃棄分を売価に上乗せしなければならない。圧倒的な廃棄率の差は、圧倒的な売価の差となるのだ。

なぜ、そのような驚異的数値で抑えられるのかといえば、角上魚類が「売り切る技術」を持ったプロの集団であるからに他ならない。

角上魚類の店舗面積は平均一〇〇坪ほどだが、そこに二〇人ほどの正社員が配置され、パート・アルバイト社員を加えると、平日は約三〇人、土日は約七〇人で店舗を運営する。

店舗には、「鮮魚対面」「鮮魚パック」「寿司」「刺身」「マグロ」「鮭」「魚卵」「冷凍」「塩干」「珍味」「惣菜」の一一部門あり、各部門は三〜五人が担当する。通常のスーパーマーケットと比べて圧倒的に人手をかけ、各部門の役割を明確にし、商品を売り切ることに全力を注いでいるのである。

さらに、店長が頻繁に売場をチェックし、新鮮さを失わないうちに自慢の寿司ネタや刺身盛り、また惣菜などへと商品形態を変え、売り切る策を講じる。タイミングを外したが最後、売れ残りはロスとなってしまうため、その判断が重要となる。

廃棄率について柳下は、常々各店舗の店長たちに「売れ残りや廃棄は、会社に対する背信行為だ」と言っている。店長たちはさぞプレッシャーに感じているだろうと思いきや、存外、その緊張感を楽しんでいるようにも見える。

ある店長は、自信に満ちた笑顔で言う。

「今日の魚をどう売るか。戦略を立てて、自分の裁量で売り切る楽しさがあるんですよ」

魚は「めんどうな商品」、すなわち仕入れから販売まで一貫して「生きた現場」で売り買いされるのが、鮮魚なのだ。生き馬の目を抜くような油断ならない真剣勝負なのである。

こうした緻密さを、枡下は「昔ながらの魚のプロの仕事」と呼ぶのである。

このような手はずが整い、実行されている鮮魚店は、今やそう多くはない。角上魚類が繁盛している理由は、この事実に尽きるのである。

郊外に単独で大型店舗を展開
魚屋ではありえない出店方式

平成二八年八月現在、関東地方を中心に直営店を二二店舗設営している角上魚類。

一店舗当たりの平均売上高は一三億円（平成二七年度実績）に達し、鮮魚専門店の中でトップクラス。他社を大きく引き離している。

角上魚類は、単独で店舗を出店する「単独出店型店舗」、他の専門店と生鮮市場を形成する「生鮮市場型店舗」、ショッピングセンターなどの大型店にテナントとして出店する「インショップ型店舗」の三つの出店形態を持つ。

その中で最も特徴的なのは、単独出店型店舗である。

鮮魚専門店チェーンは通常、駅ナカやスーパー等の複合商業施設内への出店がほとんどだが、角上魚類はその半数が大型の単独店舗であり、それも郊外のロードサイドに立地している。

出店の際は、半径五キロメートルに人口四〇万人以上が居住する立地を選定する。商圏内の角上魚類取り扱い商品のマーケットサイズは一五〇億～一六〇億円であり、その一〇％の一五億円を売り上げるというのが一つの目標だ。

そうした街の郊外に、売場面積平均一三〇坪以上という巨大な専門店空間をつくり、鮮度保持の苦労と売れ残るリスクを伴う鮮魚を、あえて圧倒的な種類と量で揃え、売る。刺身や寿司もハイグレードな仕上がりを維持する。丸ものの魚はお客の好きなように、無料でおろしもする。

売場面積一〇〇坪を超える店舗の場合、ショーケースの尺数は二八〇〜三〇〇尺（約八五〜九一メートル）で、一般的なスーパーマーケットの鮮魚売場面積の三倍、ビッグストア（大型量販店）の鮮魚売場面積の二倍となる。

また、バックヤードも売場面積とほぼ同様の大きさで、これは自店で販売する寿司・刺身、惣菜を製造するスペース、また魚の身おろしサービスを行う作業スペースを確保するためだ。人目に触れる売場も、裏側も、とにかく大きい。いわゆる「鮮魚コーナー」のイメージを、はるかに凌駕する。

郊外に単独出店するのは、鮮魚の量と質でお客を喜ばせたいということの他に、駅ナカや街中の路面店に比べて賃借料が安いというメリットを得るためでもあるが、このような郊外型の大型鮮魚専門店は現在、日本にはほとんどない。魚好きのお客が「こういう店を待っていたのだ」と、口を揃えるわけである。

こうした他社にはない独自のビジネスモデルは、異質の存在といっていいだろう。

すべてはお客様のために――揺るがぬ方針が生む経営の好循環

小売業の中で非常に重要な経営数値とされているのが「既存店売上伸長率」である。これは昨年も今年も同じ場所にある店舗が、どれだけ売上を伸ばしているかという数値だが、角上魚類は平成二八年三月期に前年比＋三・五％をマークしており、客数の増加が既存店の売上増につながっている。客数が増えているということは、店への支持が増えているということを意味する。

たとえば、平成一二年にオープンした小平店は、初年度年商が一六億円だったのに対して、平成二八年三月期はその一・八倍の二九億円。同年にオープンした赤羽店（東京都北区）に至っては、初年度の四億円に対し三倍強の一三億五〇〇〇万円にまで増えている。

多くの小売店はオープンから一、二年が売上のピークで、その後減っていくケースが圧倒的に多い。新規開店当初は見込み額の半分で推移していても、数年後に増収増益を続ける優良店に育っていくというのは、小売業としては珍しい。それを実現できているのは、角上魚類へのお客の評価が定着しているうえに、既存客の口コミがさらに新規のお客を呼んでいるからである。つまり、お客の期待値を持続的に高められる特長を、店舗が持っているのだ。

角上グループ店舗の中でも来客数がトップクラスである赤羽店は、シルバー世代のお客が多く、彼らは毎日、売場を、いわゆる「冷蔵庫代わり」に使っている。サンマの時季には朝から晩まで、焼き魚用、煮魚用、刺身用にと、一日一〇〇〇匹の身おろし依頼があるという。一匹一〇〇円そこそこのサンマを、無料でおろす。これを繁忙時にも対応することは他店にはできない。効率を重視すればするほど一〇〇円そこそこの売上で加工に人手をさけないからだ。しかし角上魚類はそこに人件費をかけ、お客の要望に手厚く対応することで、圧倒的な支持を得ているのだ。

人件費について興味深いのが角上魚類の「労働分配率」である。

営業総利益に対しての労働分配率（人件費÷付加価値額）は五二・六％。営業総利益九八億九〇〇〇万円に対して五二億一〇〇〇万円もの人件費をかけている（平成二八年三月期）。

柳下社長にとっての最善は、「お客様を喜ばせる」ことである。そのため、お客の満足のいくサービスを提供するためには、多くの人手＝人員が必要不可欠なのである。

多くの外食チェーンや大型スーパーなどでは効率を上げるため、店舗とは別に加工センターを設け、そこで一気に素材のカットや下処理を行い、店へ運ぶ。

だが、角上魚類は、店舗以外に加工工場を持たない。鮮度のことを考えた時、現場で調理加工することが一番と選択した。丸のままの魚もどうやっておいしく食べてもらうのがいいかといえば、売場で身おろしをやるのが鮮度的にベストな方法である。

すると現場で加工するには場所も人員も必要になる。バックヤードは広くなければいけないし、人の手数がいる。

労働分配率の高さは、鮮度を維持するための角上魚類の意識の高さに比例するといっていい。

一般的に小売業の労働分配率は三五％から四五％程度の範囲、経常利益率は三％前後といわれる。

しかし角上魚類は労働分配率が五二・六％（平成二八年三月期）と異常値といわれる状況にあるにもかかわらず、経常利益率は六・六％（同）と非常に高い水準にある。

これは前述した廃棄率の低さ、郊外立地を活かした設備費比率の削減や広告宣伝に頼らない販売費比率の縮小といった、人件費以外の部分での徹底したコスト削減によるもの。角上魚類の特異な経営手法が可能にする数値なのだ。

たとえば設備費には、賃借料、修繕費、消耗設備費、警備清掃費、保守料、減価償却費、水道光熱費、燃料費が含まれているが、角上魚類はその総計が売上高に対して五・五%である。賃料だけなら二・七%。業界大手の魚力は、賃料だけで九・〇%になる（平成二八年三月期実績）。

また、『鮮魚専門店各社の損益推移比較』（38～41ページ・参考資料）の「販売費・管理費（平成二八年三月期）」の項を見てみると、角上の経費率は二六%。これは千円の売上高に対して二六〇円の販売費・管理費がかかっていることを示す。魚力の同項を見ると、経費率三六・七%で三六七円。同じ千円の売上を上げるコストに一〇七円の差があるのだ。

「売上総利益率」（平成二八年三月期）では、角上魚類が三一・四%に対し、魚力が四一・四%、魚喜が四〇・八%。売上総利益率は他社に比べて低いにもかかわらず、本業の儲けを示す「営業利益率」（同）では、角上魚類は六・三%と、魚力の四・七%、魚喜の〇・九%を上回っている。

高い労働分配率でありながら、経費を徹底的に抑制することで効率的に儲ける事業構造の角上魚類は、人手をかけ顧客満足度を上げながらも、健全な運営で儲けを出すという仕組みができ上がっているのである。

さらに驚くのは、角上魚類のＲＯＡ（Return On Asset＝総資産利益率）で、一八・四％（平成二八年三月期）に達している。

これは東京都・神奈川県を中心に展開するスーパーマーケット大手のオオゼキ（二三・四％）に次ぐ、食料品小売業国内二位の数値である。セブン‐イレブン・ジャパンや柿安本店でも一〇％台半ばだ（図表4）。

ＲＯＡは企業が持つ総資産からどれくらいの利益を出せているかの指標であり、収益性と効率性の高さを評価する値となる。

ただこれについて角上魚類は、経営がどうの、数値がどうのということとはまったく関係のないところで商売をしているというのだ。

角上魚類の常務取締役・水野博之は言う。

「角上魚類はただ一点、お客様のことしか見つめていないんです。店舗運営の指針となる『四つのよいか』（鮮度はよいか、値段はよいか、配列はよいか、態度はよいか）、それだけを見つめて店舗運営し、収益については四〇年間ずっと上昇傾向で来た。ＲＯＡでは数

図表4　日本の高ROA小売企業と角上魚類のROA比較

他社比較	角上魚類	オオゼキ	セブン－イレブン・ジャパン	オーエムツーネットワーク	柿安本店
本社	新潟	東京	東京	東京	三重
ROA	18.4%	23.4%	14.7%	13.3%	12.9%
ROE	16.1%	30.9%	12.6%	11.9%	9.9%
営業利益率	6.3%	7.5%	29.6%	5.1%	5.3%
経常利益率	6.6%	7.6%	32.3%	5.4%	5.4%
他社比較	大黒天物産	サンエー	イズミ	ヤオコー	リテールパートナーズ
本社	岡山	沖縄	広島	埼玉	山口
ROA	12.1%	11.4%	11.0%	10.0%	9.9%
ROE	12.4%	9.9%	13.1%	14.1%	18.2%
営業利益率	4.0%	7.9%	4.9%	4.5%	3.9%
経常利益率	4.0%	8.2%	4.7%	4.4%	4.1%

(注)大黒天物産は平成28年5月期。他はいずれも平成28年1月期～3月期個別決算数値。(オーエムツーネットワーク及びリテールパートナーズのみ連結)
各社資料より角上魚類作成

年前から日本有数の企業にもなっていますが、角上魚類は数値目標から入っているのではなく、現場から入っている点が『らしさ』なのです。この結果については柳下社長本人が、一番びっくりしていることだと思いますよ（笑）」

半期に一度の幹部会でも、柳下社長は経営数値の目標は一切言わない。とにかく「お客様のための、日々の店づくり。その積み重ね」としか語らないのだ。

そうして一年の最後を締めくくる一二月三一日に、最大の売上日を迎える。この一日だけの売上が一一億円強（平成二七年実績）、一店舗平均五〇〇〇万円に達するのだ。この数値が「お客様からの、角上魚類への通信簿」と栁下社長は言う。年末一日の成績が一年の顧客満足のバロメーターとなる、独特の指標をもっているのである。

まずはお客様に喜んでいただくためにはどうしたらいいか?
↓
角上は企業的効率よりも「お客様に喜ばれる」という効果を求める。
↓
効果を追い求めた結果、効率が上がってくる。

効果と効率は相反するものではなく、好循環を生むもの、なのだ。
栁下社長は無意識に、経営の理《ことわり》に沿った道を歩んでいるのである。

（金額単位：千円）

	平成26年3月期			平成27年3月期			平成28年3月期		
	金額	売上比	対前期伸び率	金額	売上比	前期伸び率	金額	売上比	対前期伸び率
	26,101,832	100.0%	5.0%	28,333,193	100.0%	8.5%	30,694,594	100.0%	8.3%
	17,908,292	68.6%	4.8%	19,355,648	68.3%	8.1%	21,060,947	68.6%	8.8%
	8,193,539	31.4%	5.4%	8,977,545	31.7%	9.6%	9,633,647	31.4%	7.3%
	214,363	0.8%	4.3%	245,171	0.9%	14.4%	264,410	0.9%	7.8%
	8,407,903	32.2%	5.4%	9,222,715	32.6%	9.7%	9,898,056	32.2%	7.3%
	6,783,554	26.0%	2.9%	7,143,530	25.2%	5.3%	7,967,900	26.0%	11.5%
	1,624,349	6.2%	17.4%	2,079,186	7.3%	28.0%	1,930,156	6.3%	−7.2%
	65,636	0.3%	−32.7%	90,050	0.3%	37.2%	95,365	0.3%	5.9%
	941	0.0%	−23.6%	925	0.0%	−1.7%	1,271	0.0%	37.4%
	1,689,044	6.5%	14.1%	2,168,310	7.7%	28.4%	2,024,250	6.6%	−6.6%
	222	0.0%	−92.4%	1,635	0.0%	636.5%	8,793	0.0%	437.8%
	14,475	0.1%	−85.1%	25,155	0.1%	73.8%	37,275	0.1%	48.2%
	1,674,791	6.4%	20.9%	2,144,789	7.6%	28.1%	1,995,769	6.5%	−6.9%

（金額単位：千円）

	平成26年3月期			平成27年3月期			平成28年3月期		
	金額	売上比	対前期伸び率	金額	売上比	対前期伸び率	金額	売上比	対前期伸び率
	22,478,833	100.0%	1.8%	23,721,857	100.0%	5.5%	24,783,898	100.0%	4.5%
	13,209,032	58.8%	6.9%	14,050,056	59.2%	6.4%	14,535,249	58.6%	3.5%
	9,269,801	41.2%	−4.7%	9,671,800	40.8%	4.3%	10,248,648	41.4%	6.0%
	8,177,009	36.4%	−9.7%	8,593,171	36.2%	5.1%	9,086,986	36.7%	5.7%
	1,092,791	4.9%	62.6%	1,078,629	4.5%	−1.3%	1,161,662	4.7%	7.7%
	319,128	1.4%	−2.3%	404,605	1.7%	26.8%	192,638	0.8%	−52.4%
	13,579	0.1%	3.9%	22,869	0.1%	68.4%	60,959	0.2%	166.6%
	1,398,340	6.2%	41.9%	1,460,365	6.2%	4.4%	1,293,341	5.2%	−11.4%
	114,190	0.5%	29.3%	267,416	1.1%	134.2%	302,165	1.2%	13.0%
	309,041	1.4%	103.7%	109,021	0.5%	−64.7%	83,199	0.3%	−23.7%
	1,203,490	5.4%	30.5%	1,618,760	6.8%	34.5%	1,512,307	6.1%	−6.6%

参考資料 鮮魚専門店各社の損益推移比較

角上魚類

	平成24年3月期			平成25年3月期		
	金額	売上比	対前期伸び率	金額	売上比	対前期伸び率
売上高	22,777,894	100.0%	10.8%	24,858,723	100.0%	9.1%
売上原価	15,764,750	69.2%	10.6%	17,085,728	68.7%	8.4%
売上総利益	7,013,144	30.8%	11.4%	7,772,995	31.3%	10.8%
営業収入	212,202	0.9%	13.3%	205,493	0.8%	−3.2%
営業総利益	7,225,346	31.7%	11.4%	7,978,489	32.1%	10.4%
販売費・管理費	6,057,174	26.6%	9.0%	6,594,862	26.5%	8.9%
営業利益	1,168,172	5.1%	25.7%	1,383,627	5.6%	18.4%
営業外収益	82,470	0.4%	2.3%	97,474	0.4%	18.2%
営業外費用	1,561	0.0%	-95.6%	1,232	0.0%	−21.2%
経常利益	1,249,081	5.5%	28.1%	1,479,868	6.0%	18.5%
特別利益	0	0.0%	-100.0%	2,920	0.0%	—
特別損失	71,921	0.3%	44.2%	97,300	0.4%	35.3%
税引前当期純利益	1,177,160	5.2%	27.2%	1,385,489	5.6%	17.7%

魚力（東京証券取引所1部上場会社-個別決算数値）

	平成24年3月期			平成25年3月期		
	金額	売上比	対前期伸び率	金額	売上比	対前期伸び率
売上高	23,213,320	100.0%	1.9%	22,082,871	100.0%	−4.9%
売上原価	13,260,109	57.1%	0.1%	12,355,116	55.9%	−6.8%
売上総利益	9,953,211	42.9%	4.4%	9,727,755	44.1%	−2.3%
販売費・管理費	9,274,804	40.0%	1.8%	9,055,871	41.0%	−2.4%
営業利益	678,407	2.9%	62.8%	671,883	3.0%	−1.0%
営業外収益	218,284	0.9%	48.4%	326,677	1.5%	49.7%
営業外費用	54,094	0.2%	−64.1%	13,074	0.1%	−75.8%
経常利益	842,598	3.6%	103.9%	985,486	4.5%	17.0%
特別利益	77,022	0.3%	−54.3%	88,336	0.4%	14.7%
特別損失	35,182	0.2%	−78.0%	151,717	0.7%	331.2%
税引前当期純利益	884,437	3.8%	109.7%	922,105	4.2%	4.3%

各社資料より角上魚類作成

（金額単位：千円）

	平成26年2月期			平成27年2月期			平成28年2月期		
	金額	売上比	対前期伸び率	金額	売上比	対前期伸び率	金額	売上比	対前期伸び率
	13,333,995	100.0%	0.2%	13,001,500	100.0%	−2.5%	12,848,711	100.0%	−1.2%
	7,938,417	59.5%	0.0%	7,690,518	59.2%	−3.1%	7,600,551	59.2%	−1.2%
	5,395,577	40.5%	0.4%	5,310,981	40.8%	−1.6%	5,248,159	40.8%	−1.2%
	5,339,686	40.0%	−0.9%	5,170,034	39.8%	−3.2%	5,131,613	39.9%	−0.7%
	55,891	0.4%	—	140,947	1.1%	152.2%	116,545	0.9%	-17.3%
	67,545	0.5%	−52.5%	18,710	0.1%	−72.3%	23,553	0.2%	25.9%
	19,240	0.1%	−19.1%	17,950	0.1%	−6.7%	18,884	0.1%	5.2%
	104,197	0.8%	2.8%	141,707	1.1%	36.0%	121,214	0.9%	-14.5%
	1,819	0.0%	−79.5%	905	0.0%	−50.2%	26,295	0.2%	2805.5%
	25,234	0.2%	−38.2%	15,488	0.1%	−38.6%	24,450	0.2%	57.9%
	80,782	0.6%	16.3%	127,124	1.0%	57.4%	123,059	1.0%	−3.2%

（金額単位：千円）

	平成26年3月期			平成27年3月期			平成28年3月期		
	金額	売上比	対前期伸び率	金額	売上比	対前期伸び率	金額	売上比	対前期伸び率
	34,017,806	100.0%	−1.4%	31,030,872	100.0%	−8.8%	30,754,108	100.0%	−0.9%
	22,979,589	67.6%	−2.2%	20,861,564	67.2%	−9.2%	20,784,185	67.6%	−0.4%
	11,038,217	32.4%	0.4%	10,169,307	32.8%	−7.9%	9,969,922	32.4%	−2.0%
	10,879,504	32.0%	−0.1%	10,284,457	33.1%	−5.5%	10,244,466	33.3%	−0.4%
	158,712	0.5%	50.0%	−115,149	−0.4%	—	−274,543	−0.9%	—
	744,178	2.2%	13.1%	869,053	2.8%	16.8%	879,502	2.9%	1.2%
	760	0.0%	−20.2%	19,014	0.1%	2401.8%	22,463	0.1%	18.1%
	902,130	2.7%	18.2%	734,888	2.4%	−18.5%	582,495	1.9%	−20.7%
	8,635	0.0%	−68.3%	41,968	0.1%	386.0%	47,140	0.2%	12.3%
	207,457	0.6%	202.5%	82,902	0.3%	−60.0%	106,527	0.3%	28.5%
	703,308	2.1%	−2.5%	693,954	2.2%	−1.3%	523,108	1.7%	−24.6%

魚喜（東京証券取引所２部上場会社-個別決算数値）

	平成24年2月期			平成25年2月期		
	金額	売上比	対前期伸び率	金額	売上比	対前期伸び率
売上高	14,501,933	100.0%	−4.5%	13,312,266	100.0%	−8.2%
売上原価	8,558,083	59.0%	−4.9%	7,939,024	59.6%	−7.2%
売上総利益	5,943,849	41.0%	−4.0%	5,373,242	40.4%	−9.6%
販売費・管理費	5,970,494	41.2%	−7.4%	5,390,185	40.5%	−9.7%
営業利益	−26,644	−0.2%	—	−16,942	−0.1%	—
営業外収益	90,776	0.6%	423.2%	142,141	1.1%	56.6%
営業外費用	28,752	0.2%	−22.1%	23,793	0.2%	−17.2%
経常利益	35,379	0.2%	—	101,405	0.8%	186.6%
特別利益	2,711	0.0%	−96.2%	8,875	0.1%	227.4%
特別損失	165,108	1.1%	86.5%	40,814	0.3%	−75.3%
税引前当期純利益	−127,018	−0.9%	—	69,466	0.5%	—

中島水産（卸売業務を含む-自社ホームページにて決算内容公開）

	平成24年3月期			平成25年3月期		
	金額	売上比	対前期伸び率	金額	売上比	対前期伸び率
売上高	35,816,331	100.0%	−3.9%	34,484,753	100.0%	−3.7%
売上原価	24,460,346	68.3%	−4.8%	23,489,520	68.1%	−4.0%
売上総利益	11,355,985	31.7%	−1.8%	10,995,232	31.9%	−3.2%
販売費・管理費	11,111,059	31.0%	−1.9%	10,889,455	31.6%	−2.0%
営業利益	244,925	0.7%	1.5%	105,777	0.3%	−56.8%
営業外収益	534,425	1.5%	−24.8%	658,105	1.9%	23.1%
営業外費用	1,826	0.0%	56.2%	952	0.0%	−47.9%
経常利益	777,525	2.2%	−18.2%	762,930	2.2%	−1.9%
特別利益	4,683	0.0%	34.8%	27,218	0.1%	481.2%
特別損失	95,820	0.3%	−64.3%	68,589	0.2%	−28.4%
税引前当期純利益	686,388	1.9%	0.1%	721,559	2.1%	5.1%

各社資料より角上魚類作成

第一章

柳下浩二ものがたり

本章では、柳下浩三の生い立ちから、角上魚類の歩みとその発展を支えてきた経営理念の源泉を探る。

「やりたいことをあきらめない」

昭和一五年、柳下浩三は新潟県の中越地方に位置する、日本海に面した小さな漁村、寺泊町（現長岡市）に生まれた。

生家は江戸時代から続く網元兼魚卸商の「柳下商店」。村の中では裕福な家柄ではあったが、浩三が物心のついたときには終戦で、モノのない時代を迎えていた。

「お昼はジャガイモだよ」

と、毎日、昼食には小さなイモを握らされる。それでも足りずにひもじくなれば、サツマイモのツルをかじった。

モノのないのはどこも同じで、寺泊の柳下商店へ、近隣をはじめ県外からも魚屋や料理屋がこぞって、魚を売ってくれとやってきた。

主である父親がいない時には浩三の母が客の応対をした。威張っていた。金よりモノの時代と今ならば理解できるが、遠路はるばるたどり着いた客に、

「今日はもう、魚はないよ」

と、居丈高にふるまう態度を見るにつけ、浩三は少し、心が痛んだ。

それでも、海のそばで育った子どもは、おおらかで明るい。浩三もずいぶん、ヤンチャに成長した。

あるとき駄菓子屋で、プロ野球選手や相撲取りのブロマイドが景品になっている一〇〇枚ほどのくじのセットが半額になっているのを見て、ピンと来た。さっそくこのくじを買い、同級生たちに正規の値段で売ったのだ。それも強制的に、である。調子に乗って何回か繰り返しやっているうちに先生にバレて、校長室に呼ばれ大目玉を食った。

また、クラスの中で議長となり、もじもじして発言できなかったり態度が悪かったりした子どもたちに向かい、「立ってろ！」「お前は帰れ！」と、大きな声を出す。そんなふうだから、同じ年頃の子どもたちからは〝番長〟として恐れられた。家業の隆盛を笠に着たものか、はたまた成績優秀だった兄と比べられての嫉妬や反抗心だったのか。少年の心は

複雑である。

小学校高学年になった浩三には、将来なりたい夢があった。

プロ野球選手。

当時、阪神球団で活躍していた藤村富美男にあこがれた。初代ミスタータイガースと呼ばれ、史上最強と言われたダイナマイト打線を支えた不動の四番打者。藤村の、野武士的なプレーに、浩三は胸を熱くした。

反してなりたくない職業は一番目に農家、二番目に魚屋。

「魚屋は臭いし、汚い。家を継ぐなんてまっぴらごめんだ」

ところが浩三が中学生の時、優秀だった七つ年上の兄が東京で会社勤めを始めてしまったのだ。

「俺が家を継がないとだめなのか」

浩三は密かに覚悟した。

浩三のヤンチャは大きくなるにつれて落ち着き、持ち前の度胸は負けん気に変わる。

中学生で本格的に野球をはじめた浩三は、そのセンスを認められピッチャーで四番バッターを経験する。中学三年になると目指すは甲子園！と息巻いた。

「親父、おふくろ、越境入学をさせてくれ、頼む！」

親に頭を下げ、その頃、野球では強豪校といわれた、新潟市にある新潟商業高等学校への入学を希望した。

寺泊町から新潟市へは五〇キロメートル以上離れている。幸いなことに父方の弟が新潟市内に住んでいたので、入試に合格し無事に入学できたなら、そこに住まわせてもらえることに決まった。

ところが、高校入試の目安として年に四回行われた模擬テストの第一回目試験（七月に実施）では、校内三二〇人中、浩三は三六番目という成績。当時の新潟商業高校は県下最難関の新潟高校に迫る上位校であり、この結果を受けて担任の教師からは「新潟商業はとても無理」といわれてしまう。

もっと頑張らなければいかん、と気合を入れ直す浩三。

「人間は目標を立て、何が何でも達成しなければいけないという気持ちになれば、目標を立てない時より数倍も、数十倍もの力を発揮できるものなのだ」

一つ、こうしよう、ああしようと決めてからの集中力は、自分でも驚くほどだった。

その後、九月のテストでは一七番、一一月には七番にまで順位を上げた。しかし担任は

「まだ駄目だ」と首を振った。

「三六番から七番まで成績を上げるにも大変だったが、まだ足りないのか」

浩三はしかし、そこであきらめなかった。

いよいよ受験間際となった一月、最後の模試ではとうとう、学年で三番の成績を取った。担任から「これなら大丈夫」と太鼓判を押してもらった瞬間、浩三はこぶしを握って「よしっ」と気合をかけた。

そのままの勢いで、高校受験に挑戦。結果、憧れの新潟商業で高校野球に勤しむことになる。


一年生はグラウンド整備と先輩たちの練習補助が仕事。球拾いであっても夢中で白球を追いかけていた浩三だったが、ある日、体に違和感を覚えた。病院で検査してもらうと、リンパ節腫瘍と告げられる。その上、半年間の運動停止を命じられた。

ただでさえ強豪校でプレーをしよう、甲子園を目指そうというライバルが多いのに、一年の夏から翌年の春先まで体が動かせないと聞き、浩三はがっくりと肩を落とした。

「もう、ここで野球をやめるしかないのか……」

中三で一念発起し受験に備えて勉強を重ね、越境入学までして入った高校なのに……。その努力、費やした時間まで、すべてが水の泡のように感じて、目の前が真っ暗になった。しかし、一時は自暴自棄にもなったが、持ち前の明るさと負けん気で、浩三は踏みとどまった。

「このままやめたら何も残らない。マネジャーとして残ろう。みんなの甲子園行きを、マネジャーとして支えよう」

運のいいことに浩三は、高校三年になる春のセンバツ大会、続いて夏の第四〇回大会と、二度も続けて甲子園出場チームに帯同し、その熱戦を間近で見ることができた。

甲子園に出場した他校の選手には王貞治や坂東英二がおり、大きな注目を集めて話題となっていた。残念ながら浩三はあこがれの球場でプレーはできなかったが、キラキラとまぶしい高校球児の姿に自分を重ねて、誇らしい気持ちが抑えられなかった。

後年、浩三は改めて「目標を立てる」ことの大切さを考えた。

目標はただ立てるだけではだめ。「目標に向かう姿勢を明確に打ち出す」ことが大事。行きたい高校に受かりたい、その上で高校球児として活躍したい、甲子園という檜舞台で野球をやりたいという、思春期の心に寄せては返す大きな波に似た切望が、結果として自分の枠を超える努力を生み、想いを達成させたのだ。そして、そのいくつもの積み重ねが強烈な成功体験として刻まれ、浩三の行動指針となってきたのである。

高校2年時の栁下浩三。
少年時代はプロ野球選手を目指していた。

背負子《しょいこ》と魚と夜逃げの朝

高校卒業後は大学進学を考えていた浩三だったが、高三になって寺泊の実家から泣きが入った。商売が思わしくないというのだ。頼りになる兄は東京住まい――後ろ髪を引かれる思いで魚屋を継ぐことになった。

網元兼卸商の柳下商店は、寺泊港で水揚げした魚や新潟市の市場から買ってきた魚を長岡や三条の市場へ出すほか、近隣町村の料理屋や魚屋へ行商をして生計を立てる。寺泊の家に戻った浩三は、もともと雇っていた年配者二人の従業員に加わり、市場への出荷や行商に忙しく働いた。

当時、新潟の市場はアイタイ（相対販売）で、大手の水産会社三社が仕切り、競りは行わず業者へ個別に売るスタイルだった。浩三は新潟市場へ行っては地魚のほか、九州のアジや北海道のサンマなどいろいろな魚を二トン車一台分買い付けて、それを寺泊の魚屋に卸していた。

また寺泊や出雲崎で水揚げされた魚は三輪トラック（オート三輪）に積み、分水や加茂、三条、長岡など、近在の魚屋や料理屋へ売りに行くのが日課だった。

冬になり少しでも雪が降ると、砂利を敷いた道路は滑って、オート三輪はすっかり役に立たなくなった。そんな季節がくると、浩三は暗い気持ちになる。オート三輪はやめて、竹で編んだ、ごわごわして硬い大きな背負子に魚を入れて、行商しなければならないからだ。荷物はずっしりと肩に食い込むほど重いし、魚は臭うし、その上、汽車に乗って長岡や三条へ行き、一軒一軒、売り歩かなければならない。

高校を出たばかりの浩三が何より苦痛だったのは、汽車に同乗するたくさんの学生や若い女性からの視線だった。みんな身ぎれいにしている車内で、自分の背負子姿がとてもみすぼらしく、恥ずかしく思った。そのうち籠はデッキに置いて自分だけ座席に座り、どこの荷物かわからないフリをした。

こうして日々、各地の魚市場で魚の目利きを鍛錬しながら、三条や長岡の料理屋、魚屋に魚を卸して歩く。そのうち浩三の家に住み込みで、一歳年下の青年が働き手としてやって来た。

魚屋というのは、四〇代、五〇代で転職する際にやってみようという者はいるが、二〇代の若者が魅力を感じて始める仕事ではない。これは浩三自身、いやというほどわかっている。その上、従業員が二、三人しかいない仕事場は若い者には窮屈に感じられ、好んで勤めたいという者もいなかった。それがいろんな縁をたどり、栁下家の知人の紹介ということで、青年が入ってきた。

年配者ばかりの中で仕事をしていた浩三は、同じ屋根の下に住むことになった青年を快く迎え入れた。三条市出身の青年は活発で明るく、寺泊の魚屋たちと親しくなるのにそう時間はかからなかった。

二年経ち、三年経って、浩三と青年がすっかり打ち解けていた頃、ある朝、浩三が青年を起こしに行くと、部屋に姿がない。

「おい、〇〇くん、そろそろ魚が入ってくるぞ」

洗面所や台所をのぞいてみたが、どこにもいない。

「しょうがないな」

大きな声で言ったのは、自分の動揺を隠すため。青年はまさか、どこかに逃げたのか？　その思いを振り払うように浩三は、ずかずかと大股で歩き、午前五時の薄青い雲がたなびく表へ飛び出した。

佐渡島で水揚げされた魚は佐渡汽船で新潟に着き、そこから栁下商店へとトラックで運ばれてくる。いつもならその魚をみんなで仕分けして車二台に積み込み、浩三と青年がそれぞれの車を運転して、長岡や三条へ売りに行くのである。

荷分けをしていても、青年は帰ってこない。浩三は魚を自分の車にすべて積んで、長岡、三条へ向かった。いつもの倍近い時間をかけて配送が終わると、今度は青年が生まれ育った三条の町中を探して歩いた。

やっぱり、魚屋が嫌だったんだろうか。

田舎町の寺泊で、汚い、きつい仕事だ。危険はない代わりに、派手さもない。

ショックだった。だが、青年を怨む気にはならなかった。

浩三は日暮れまで、青年の人懐こい笑顔を求めて三条の町をさまよった。

その後、数年してまた同世代の若者が住み込みで入ったが、一年後、やはり朝起こしに行くと部屋にいない。今度はわかりやすく、荷物がすっかりなくなっている。もぬけの殻とはこのこと、みごとな夜逃げだった。

この時も浩三はがっかりした。使われる人間にとってはそれだけ魚屋は辛い仕事なのだと思い知る。だが、従業員を抱えている限り、こういう心配は付いて回る。

従業員が二人、三人のときは辞められると困るから、キツイことを言ったりさせたりできない。注意も自ずと軽めになる。逆にいえば、相手の成長を思って叱るということもできない。

浩三は理不尽さを抱えながらも、その後、七、八人規模の雇用が実現するまで、従業員への応対にはずいぶん気を遣うことになった。

悪天候から芸者遊びを知る

なりたくない職業の二番目は魚屋。

子どもも心に苦手意識のあった家業だが、そうはいっても小さいころから親のそばで見てきた仕事である。毎日の作業に慣れるにつれ、「俺は跡取りだ」という気持ちもじわじわと湧いてきた。

ところがその気持ちがある時、慢心に変わった。遊びを覚えてしまった。

事の初めは、なんのことはない、悪天候からだった。

日中から続くシケが夜にも続くと、漁師は船を出さずに漁を休む。すると翌日は水揚げがないから港や市場ではセリが開かれず、卸業は暇になる。

そこで、

「明日は仕事もないから、遊びに出ようや」

卸や漁師の仲間たちとつるんで、遊びに出かけた。

寺泊町の周囲には、弥彦や岩室といった温泉場、花街がある。江戸時代から続く情緒ある遊興の場に、二〇歳を過ぎて間もない浩三は、一発ではまってしまったのである。

昭和四〇年頃にはスーパーマーケット式の小売業が進出し、新潟県内でもじわじわと、魚屋や肉屋など専門小売業の締め出しにかかっていた。大きな時代の変革が、すぐそばまで近寄っていた。

浩三は日々肉体労働を強いられているとはいえ、網元兼卸業の跡取りだ。従業員たちと魚を卸したあとは、顧客を回り集金をするよう言いつけられていた。跡取りとして責任感を養わせようとの親心だったのだろうが、多額の現金をその目で見ていた浩三は、すっかり有頂天になってしまったのである。スーパーが出てきて景気が悪いなどという話は、どこ吹く風。芸者衆を座敷に呼んで、面白おかしくどんちゃん騒ぎに興じた。

そのうち、仲間がいなくても一人で通うようになった。芸者と一対一では気づまりだからと、必ず二人、三人と座敷に上げる。自分と似た年ごろの若い芸者に囲まれて、差しつ差されつの絵に描いたような放蕩息子ぶり。それも、集金してきたカバンの中から金をくすねて遊ぶというのだからあきれたものである。

たとえば寺泊から三〇キロほど離れている巻町（現新潟市西蒲区）の料亭・三笠屋では、浩三が座敷に上がると店の主がいつも、宴会終わりに寺泊の自宅まで送ってくれた。その晩は「飲み代がない」といってツケ、二週間後に前回の飲み代を払いに行ってはまた飲んで、ツケてくる。

昭和四〇年当時の大卒の初任給は一万円少々。浩三自身は月に八千円を給料としてもらっていた。それを一晩で飲んで遊ぶ。月に二度、三度と、家業の売上から札を抜き、支払いの段には、

「釣りはいらないよ」

とカッコウをつける。

料亭の主人がわざわざ遠い寺泊まで送ってくれたのも納得の〝上客〟だった。

「これが普通の会社勤めだったら、横領で捕まるなぁ」

などと、のんきなものであった。

ところがその後、父から、

「この年末を越せないと倒産するかもしれない」

と、打ち明けられた。

父が言うように、冷静になって帳簿をみると、栁下商店の経営は決して楽ではないことがわかり、青くなった。

ここで浩三の芸者遊びは、終焉を迎えた。

そんな折、商売の方向性を大きく左右する出来事が二つ、起こる。浩三はこれにより、経営者としての第一歩を踏み出すのである。

浩三の発想力で窮地を脱出

道路の整備はまだまだ不十分だが、自動車がやっと増え始めてきた昭和四〇年。いまのように保冷車などはないので、せっかく獲れた魚も鮮魚として流通できるのはたった二日間だった。特に六月から八月にかけての暑い時期は、魚の鮮度が保てず苦心をする。そこで浩三は夏場になると、獲れた魚を焼いて「浜焼き」としても販売した。

当時は縦一メートル、横幅約二メートルの木箱の中に砂を入れ、中央に火を熾し、イカやサバ、アナゴ、カレイなどの串刺しの魚を四〇～五〇本、火の周りに差して焼く。箱の周りにはパートで頼んだおばさんたちが四、五人立ち、片面が焼けるまで一五分ほどじーっと待つ。焼けたところを見計らって、汗をぽとぽと流しながら、一本ずつ表裏をひっくり返し、また焼き上がるまでじーっと……。

浩三は毎年見るその光景を、

「なんという無駄なのか！」

と、じれったく思っていた。

焼いている者は焼けるまでが仕事とばかりに箱に張り付きっぱなしだし、炭火の熱も上に逃げていくので、無駄が重なる。浩三はいかに合理的に浜焼きを作れるかと、思案に暮れた。

昭和四四年になって浩三は、火のトンネルを作って焼いてみたらどうかと、はたと思い

「浜焼機」の発明で売上は3倍に。人件費は3分の1になった。

つく。

幅三〇センチ、奥行き二メートルのトンネルを作り、その両側にはグリラーを付ける。

トンネルは二本作って平行に設置し、トンネルをくぐったらUターンして周回するように、ベルトコンベアを楕円型に配する。

ベルトコンベアに魚の串を一本ずつ挿せる筒を立てて魚を回転させれば、往復で計四メートルの火の中を自動で通り、魚はすっかりきれいに焼けるのではないか……。

そのアイデアを簡単な手書きの図にして、新潟市内の鉄工所に見てもらう。

一か月後、精密な設計図と共に、

「製作費は一五〇万円かかる」

と、返事が来た。

浩三は後先を考えず即座に製作を依頼したのである。

昭和四四年の一五〇万円といえば、現在の貨幣価値に換算すると一〇〇〇万円ほどの投資になる。栁下商店も左前で苦しいところだったが、やはり地元では信頼されている古い家柄である。なんとか現金をかき集め、浜焼機の製造を依頼した。

機械のでき上がりは想像以上のものだった。店に運ばれてきた畳二枚分の、ステンレスで作られたトンネル状の箱はぴかぴか光って、いかにも立派である。うまくいくのかと内心ハラハラしていた浩三の前で、見事にこんがりと魚を焼きあげてくれた。

浩三による浜焼機の開発で人件費は三分の一に、燃費は五分の一に節約できたが、何といっても大きかったのは、同じ時間でそれまでの三倍の量を焼けることだった。当然、浜焼きの売上も三倍になり、経費は今までの三分の一以下となった。

この成功により、栁下商店の経営はずいぶん楽になる。その後、この機械はあっという間に同業者に真似をされ、広まっていった。

発泡スチロールの魚箱で商売を飛躍的に伸ばす

次に浩三が手がけたのは、いまではすっかりおなじみのあの発泡スチロールの魚箱である。実は発泡スチロール箱をふた付きの魚箱に転化した最初の人物が、柳下浩三なのである。

浩三の頭を悩ませていた問題は、浜焼きの他にもう一つ、あった。

イカは東シナ海で生まれ、成長しながら日本海を北上してくる。新潟沖には六、七月にやってきて、そのイカを目指して全国からイカ釣り船が集結した。寺泊港にも約四〇艘の船が水揚げして、その莫大な量のイカを東京の築地市場へ送っていた。

当時の魚箱といえば一〇〇%が木製で、内側をビニール二枚で覆い、大きな氷と海水を入れてイカを詰めて送った。原始的な方法だったが、その頃はみなそれが当たり前で、他の容器で代用しようなどとは誰も考えもしなかった。

しかし、寒い時期に木箱で送るにはまだよいが、夏場の暑い時期の出荷にはどうにも難儀をした。水揚げされたイカをたっぷりの氷で覆っても、翌朝築地に到着した時点で氷はほとんど溶け、肝心のイカは鮮度が落ちて値段も当然安くなってしまう。船から水揚げされたときには黒々と、瑞々しいイカが白くなり、刺身ではとても食べられない状態になってしまうのだ。

「なんとかして、この活きのよさを保ったまま築地へ送ることができないか」

浩三は日々、思いを巡らせた。

ある日、業務用の大型冷蔵庫の修理に立ち会うことになり、その作業を見ていて、ふと気になった。修理をする職人が、発泡スチロールを持っている。

「このスチロールは、何のために使ってるの？」

訊ねると職人は、

「冷蔵庫の断熱材ですよ」と言う。

断熱材は文字通り、熱を通さないもの……。

「発泡スチロールだ、これはいける！」

浩三は直感した。

さっそく専門の製造業者を呼んで、サイズはこんなもの、ふた付きで強度はこういうふうにと相談する。業者は笑顔で快く引き受けたが、

「金型代の九〇万円は、お客さんが負担してくださいね」

浜焼機の一件から三年を経た昭和四七年――浩三には浜焼機で成功したという気持ちもあり、また九〇万円なら手持ちの金で何とか出せると踏んだ。のるかそるかの博打ではあったが、やらない後悔はしたくなかった。

まもなくふたに、柳下商店の屋号「角上」のマークが付いた箱が仕上がり、さぁ、一勝負！と浩三は息巻いた。獲れたてのイカを詰めて築地へ送る。その結果をいまかいまかと首を長くして待つ。

ところが、である。浩三の意に反して、届いた声は「手鉤が使えないから困る」という、落胆させるものだった。

市場では荷揚げ屋が木箱に手鉤をひっかけて荷物を下ろすので、発泡スチロール箱では手鉤が使えず荷を下ろすのに手間がかかるというのだ。しかし大枚をはたいて箱を量産したのだ、ダメと言われてもそう簡単にはあきらめられなかった。

浩三は築地からの苦情を無視した。その後も四、五回にわたり、新しい箱でイカを送り続けた。

すると……、ある日を境に、柳下商店のイカはそれまでの四倍、五倍もの値段で売れはじめたのである。築地から「もっと送れ」の熱烈コールが入る。

それもそのはず、角上の屋号の入ったふたを開けると、発泡スチロール箱の中にはまだ生きて、半透明で美しいイカが虹色に輝いている。それまでどんなに活きのいいイカでも、すでに白く変色していたので、新鮮なイカが市場に並ぶなど、想像すらされていなかったのだ。

浩三は飛び上がって喜んだ。

「まさに、俺の狙い通りだ！」

ただ、浜焼機の一件同様、人の成功を黙って指をくわえて見ている同業者はいない。翌年には同じ箱を競って作り、木製の箱は見る見るうちに、真新しい発泡スチロール箱へと変わっていくことになった。

しかし、わずか一年でも同業者より早く箱を開発したことで「角上」ブランドのイカはすっかり有名になっていた。二年目、三年目以降も他社より五割ほどの高値で売れ、柳下商店は財政的にもゆとりができた。この一件は浩三に、商売をする上での大きな自信を植え付けたのである。

現在、日本の水産物取扱量全国一である築地市場の広大な場内に、気が遠くなる数の魚箱が積まれ、並んでいる。その箱がすべて、発泡スチロール製である。この風景の源が、浩三のアイデアなのだ。これはまさに、鮮魚の流通革命と言える発明であった。

スーパー勃興期に小売店の経営に踏み出す

昭和四〇年代後半になると、これまでのように多種類の魚が売れなくなり、魚屋が軒並み廃業するという、混沌の時代が到来した。

スーパーマーケットが登場して、人々の暮らしは洋風化し、自家用車の普及が進み、目新しくて派手なものに人々は目を奪われる。大きな変革の波に、日本らしい伝統や格式、地域内での生活方式や人づきあいの仕方なども、徐々に変化しつつあった。

浩三は毎日、寺泊の魚屋に魚を卸しながら、時代の変わり目をひしひしと感じていた。昭和三〇年代の寺泊の魚屋といえば、柳下商店から魚を仕入れて在郷へ売り歩く棒手振りも入れれば三〇人はいただろう。その小売がにっちもさっちもいかなくなり、一人、また一人、一軒、また一軒と商売をやめていった。小売店がつぶれれば、卸業も不振にあえぐ。柳下商店も例外ではなかった。

「このままいったら、うちもいつかはダメになる。どうすればいいのか」

昭和四八年に、県都である新潟市の万代《ばんだい》シテイにダイエー新潟店が営業を開始。地元でも以前からスーパーマーケットを開業していた清水フードセンター、原信、ウオロクも多店舗展開を始めて競争が激化していた。

浩三はまず敵を知ることが肝心と、それらのスーパーの偵察を始めた。魚売場を見て回って驚いたのは、魚がとても高い値段で売られていることだった。どれも原価の二倍、三倍もする。

「これなら直接、俺が仕入れをして売れば、この半値、いや三分の一以下の値段で売れる。お客さんも鮮度のいいもので安ければ、買いに来てくれるのではないか」

浩三はすぐに、小売店経営を思いついた。

ただし寺泊の人口は六〇〇〇人しかないので、寺泊だけを相手にしては成り立たない。近在の与板や和島、分水といった、車で一〇～二〇分で来られる地域から集客をしようと考えた。

決めた、となったら気は急く。

その頃、信濃川の大河津分水建設をきっかけに河口の土砂が堆積し、寺泊の砂礫海岸が広がったことで新しい道路が敷かれたことも浩三の気を引いた。

「この道路に面した一角で、小売店を開こう」

浩三は三三歳、所帯を持ち子どもも生まれていた。

一歩も引けない状況での決断だった。

その後の人生を決定づけた借金

柳下の家で、新道路に面した一画を所有していたこと、それは浩三にとって幸いであり、そのことが小売店を始める後押しにもなった。

「お前がしっかりやるなら何をしてもいい。だが、うちは借金も重ねてきて、俺には金の工面はしてやれない。全部自分で手配できるというのなら、思い切ってやってみろ」

父親にそういわれ、浩三は腹をくった——といえば聞こえはいいが、実は浩三は、銀行から金を借りるのは初めての経験。浜焼機にしても発泡スチロールの魚箱にしても、手元の現金をかき集め、あとは父の算段に任せていたのだ。銀行に父から預かった小切手を持っていき、それを金に換えたことしかない浩三だから、腹を決めたといっても存外、気軽にかまえていたのである。

まず浩三は建築屋を訪れ、土地の広さや建物の大きさと間取り、設備の内容をざっと話して、「設計図を書いて、見積もりを出してくれ」と頼んだ。建築屋はまもなく、設計図と見積もりを持ってきた。

「この規模の店だと、五〇〇〇万円かかる」

そういわれて浩三は、

「じゃあ、まずは手付に一〇〇〇万をあんたに払う。工事の中間には三〇〇〇万、でき上がった時に一〇〇〇万払うようにするから。明日さっそく、銀行へ行ってくる」

と気安く請け合った。

翌日、銀行の窓口に出向いた浩三は勇んで、銀行の支店長と直談判をした。

「今度できる新しい道に、小売店を開こうと思う。店舗を建てるのに五〇〇〇万円かかるから、貸してくれ」

支店長は眉をひそめて浩三を眺めると、聞き慣れない書類の名前を訊ねた。

「柳下さん、あんた、事業計画書はあるのか」

「事業計画書――（ってなんだ？）――いや、持ってない」

「馬鹿を言うな！」

銀行は金を貸すところ、こっちは金を借りてやるんだから、などと軽い気持ちで行った浩三は、一喝された。

「あんたの家はこれから借金をするには担保がない。保証人は誰かいるのか」

「いや、いない」

支店長は呆れた様子で、借り入れに必要な書類や条件をメモに書き記し、浩三に手渡した。

「うちに帰って事業計画書を書いて、担保や保証人を揃えてから、また来てください」

コトバは優しかったが、乾いた響きが浩三に浴びせられた。

銀行からさっさと追い返された浩三だったが、ひるむことはなかった。

計画書は、計画という「予定」を書けばいいのだから、自分で適当に書ける。それならば大丈夫。

問題は保証人だ。気楽に考えていたが、浩三に金がないのは誰もが知っている。なり手がいないかもしれないが、当たって砕けろとばかり、あくまで前向きだった。

浩三はそれから、地元で商売をして勢いのあった親戚や友人などを複数回って頼んだが、すべて断られた。そんなものかと気落ちしたが、ここであきらめてはいられない。保証人探しをはじめて一か月が経とうという頃に、今度は高校時代に下宿をさせてくれた新潟の叔父に頼みに行くことにした。

事前に「保証人の話で」と匂わせて行ったのも、よかったのかもしれない。向かい合って座った座敷で、無口な叔父はだまって浩三の計画を聞いてくれた。

叔父は北洋漁業の網元をしていて、漁獲高もかなりあり、実際、景気もよかったようだ。浩三が高校生のときは、叔父は一緒に住んでいても顔を合わせることもなく、話すこともなかった。ただ、高校時代に浩三が、野球に夢中になっていたことは知っていて、密かに応援してくれていたと、のちに父から聞いたことがある。

叔父は床の間を背に、静かに煙草をくゆらせながら、なぜ小売店を出したいかを懸命に話す浩三を見つめていた。

「しょうがない」

突然、叔父が発した。

「保証人になってやる」

ありがとうございますと、浩三は勢いよく頭を下げた。

叔父にとってみれば実家である柳下商店の一大事ということで、力を貸してくれたのだろう。北洋漁業の成功も浩三が思っていた以上で、たとえ浩三が失敗し、保証人として返済しなければならなくなったとしても、叔父には痛くもかゆくもない額だったのかもしれない。

もちろん浩三は、最初から倒産しようなどと考えていたわけではない。しかしその時浩三は、五〇〇〇万円を五〇〇〇円ほどの軽い感覚でとらえていた。

浜焼機にしても発泡スチロール箱にしても、またこの小売店の経営にしても、思いついたら即座に走り出し、走りながら理屈付けをして対処を重ねていく浩三。よく言えば小さなことにはこだわらない性格、悪く言えばおおざっぱ。だが一度、これ、と決めたら持ち前の精神力で困難を乗り越える――「我ながら、O型の血液型占いそのままの性質だな」と、時折、自分でも可笑しくなるのであった。

何もない浜辺に鮮魚専門店の一号店を出店

昭和四九年一一月。

寺泊の、広い浜辺の中にたった一本通った公道に、売場面積二〇坪の、小さな魚屋がオープンした。

その店から少し離れた場所に、簡素な造りの茹でカニ専門販売店が先に開店しており、それも浩三が開いた店である。

魚屋の名前は「角上魚類　本店」。栁下商店の屋号「角上（カクジョウ）」を、気分一新、新店に名付けた。

従業員として、栁下商店から引き続き男性四人が仕入れ担当にあたってくれた。また接客や浜焼きには、漁師の奥さんを五、六人。朝、漁の船が出ていくと昼間暇になる漁師の母ちゃんたちは、手際もよく愛想もあって恰好の働き手だった。

店は小さいが、一〇人が乗った立派な船出である。

海沿いの町・寺泊というのは、夏の海水浴客が観光のメーンで、七月末から八月いっぱいまでは賑わうが、それを過ぎるとすっかりさびしくなる。人口六〇〇〇人という小規模な町で商売をするとなれば、よほどの工夫が必要だろう。

浩三はターゲットを寺泊周辺の与板や和島、分水といった、車で一〇分から二〇分で来られる地域まで広げ、集客をしようと考えた。

では、寺泊にわざわざ来てもらうにはどうしたらよいか？

当時はまだ、料理は自宅で手作りをする時代である。地元で魚が豊漁になると安くたくさん買い込み、漬け魚や干し魚にして保存食などを作る。そうやってやりくりするのが家庭を守る母親の仕事であったし、またそういうものを作っては近所で配り合うというのが、小さなコミュニティの中で賢く生きる術だったのだ。

浩三はそこに、新生栁下商店「角上魚類」の生きる価値を見出した。

浩三は新潟の魚市場に行き、魚種で選ぶのではなく、その日の「買い得の魚」をたくさん仕入れて、店頭にこれでもかと並べた。スーパーマーケットのような無難な品揃えを目指すのではなく、その日の価格が安いことと、鮮度のよさを優先して仕入れたのである。これが、当たった。

「寺泊に行くと、いい魚屋がある。活きもいいし、とにかく安い」もくろみどおり店は評判となり、浩三は「これはいける」と確信した。角上魚類の仕入れと商売の原理原則が、早くも発揮された。

だが、口コミが思った以上にスピーディに、思った以上に遠くの地域まで広がっていき、毎日、毎週末、お客が驚くほど増えていく。開業してすぐに年末だったこともあって、一二月二〇日過ぎからお客がどんどんと押し寄せて来た。特に新潟の正月には欠かせないタコの売場は、足が一本一〇〇〇円と聞きつけたお客がごったがえし、現金を握りしめた腕が怒号と共に無数差し出され、店員はその対応に追われることになった。対面販売でザルに銭を受けていたが、ザルからはみ出た札がこぼれ落ちては、懸命に拾い上げなければならなかった。

開店当初は一日四万円程度だった売上が、一年後には五〇万、日曜日ともなれば二〇〇万、三〇〇万にもなった。

発泡スチロールの魚箱いっぱいに二、三〇匹と詰めたイワシが一箱六〇〇円、それをお客は箱単位で買っていく。浩三の狙い通り、箱で買った魚は塩漬けになり、ぬか漬けになり、干し魚になって大家族の食卓を支える。あまれば近所に「寺泊に行ってきた」と配る。そこで「へぇ、寺泊にそんな店があるの」と世間話になる。角上魚類の名が、好循環で広まっていく。

もう一つ、角上の名を上げた商品に、カニがあった。

昭和三〇年頃はカニといえば松葉ガニに代表されるズワイガニだったが、昭和四〇年になると乱獲によって数が激減した。そのため浩三は、それまではあまり食べられることのなかった佐渡近海の紅ズワイガニを代替品にしようと考えた。紅ズワイはズワイに比べると浅海で漁獲していたため身が少なく味も劣るとされていたが、浩三はその中から品質のいい物だけを選りすぐって提供したのである。

以後、紅ズワイも深海で獲られるようになり、味も身入りもよいカニとして認知されるようになる。角上はズワイと並び良質な紅ズワイガニの取り扱いをしたことで、「カニの角上」とまで呼ばれはじめた。

浩三は未明に出かけ新潟市の魚市場で仕入れをし、日中は店の裏で、売場に魚を出すのを一所懸命手伝った。お客様の「来てよかった」という声を聞くと、嬉しくて小躍りしたくなる。逆に、「せっかく来たのに何も買うのがなかったわ」と言って帰るお客様には、その背中に「申しわけありません」と、心から頭を下げた。

お客様を楽しませる店内のしかけ

いかにしてお客様に角上魚類寺泊本店に来てもらうか？

開業当時は広告宣伝費に使えるような予算がなかったので、来てくれたお客様に店を覚えてもらうために、何か印象に残ることをしなければならない。

浩三にはたと、思いつくコトバがあった。

「お客様は神様です」——。

『チャンチキおけさ』や『東京五輪音頭』、『世界の国からこんにちは』、『おまんた囃子』など、数々の演歌・浪曲で著名な歌手・故三波春夫が発した有名なフレーズである。三波春夫は浩三と同じく、新潟県中越地域の旧越路町出身。浪曲で鍛えた確かな歌唱力で、日本を、また昭和を代表するビッグスターとなった人であるが、生誕地が近く、優しい笑顔と語り口で庶民に親しまれた三波に、浩三自身、魅力を感じていた。その三波のコトバ「お客様は神様です」に、浩三も感銘を受けていたのだ。

これは要約すれば、

「お金を払い、歌を聞きに来るのを楽しみにしてくださるお客様に、自分は歌でお応えしなければならない。自分を歌手としてステージに上げてくださるお客様に、『神の力』を見るのです」ということ。浩三はわが仕事にも、同じ真義を見たのである。

浩三はさっそく、店内のあちらこちらに、

「神様いらっしゃい。

お客様は神様です」

と手書きのポスターを貼り出した。

それを見たお客は、誰もが相好を崩した。くすくすと笑われて、浩三はありがたく思った。

角上魚類は二〇坪程度の小さな店である。仕入れの魚の量によっては陳列スペースがすぐにいっぱいになってしまい、魚が並べられなくなってしまう。

そこで浩三は棚が足りなくなると、木の魚箱をひっくり返して、その上に雑然と魚を並べた。そうした店舗に、週末となれば大勢の客が集まる、混雑する。浩三はその様子を、どこかで見たような景色だが……と思った。

「東京上野の、アメヤ横丁に似ているんだ！」

砂浜の新しい道沿いにできた、たった一軒の魚屋だったが、その店の中は身動きもままならないほどの混みよう。浩三はすぐに、店の看板に「魚のアメ横」というキャッチフレーズをシャレで書き込んだのである。

その後、四、五年経って、角上魚類に続け追い越せと、次から次へと同業他社が居並んで開業し、現在のような魚の市場通りができた。浩三が掲げた「魚のアメ横」はすっかり、この通りの名として定着したのである。

また角上の開業当時、全国的に沸きに沸いたのが、北海道帯広市の「幸福駅ブーム」だった。浩三はこれにも目をつけた。鉄道のホームにある駅看板に似せて、「こちらカニ」「あ

ユニークな看板に、
観光客もよろこんだ。

ちらさかな」と記した看板を、角上魚類の本店とカニ専用売店の中間に立てたのだ。するとお客がみんな面白がって、看板の前で記念写真を撮っていく。撮影のために行列まで作って楽しんでいるのだ。

浩三はこんな、世間の気を引くちょっとした話題をネタとして提供することが得意だった。そもそも自分が楽しみたがり屋なのである。

「仕事も遊びも、どっちも一所懸命に楽しくやることが大事だ。

店づくりに欠かせないのは、店の都合よりお客様の都合を優先した店づくりであり、『喜ばせ上手』になることなのだ」

浩三はいつも、どうすれば「神様」であるお客様が喜んでくれるのかだけを、考えていた。

「四つのよいか」の誕生

魚は安くて大量に揃っているし、店の外には面白看板も出現して楽しめるとあり、角上魚類はちょっとした観光スポットとして定着してきた。日を追うごとに、年を追うごとに繁盛する。雨後の筍で後続店が次々現れてもやはり、角上人気は衰えない。店に入ってくるお客の数は、圧倒的に角上が上だった。

さて、毎日のように現金がザルからあふれるようになってくると、気になるのは浩三の〝心の動き〟である。天狗になり、慢心してまた芸者を揚げて乱費にはしるのではないか。しかし違った。浩三が感じていたのは、遊興にふけることでも、儲けた充足感でもなかった。浩三ははじめて、恐怖を味わっていたのだ。

「どんな商売でも、こんな状態が一生続くとは思えない。

いつか売上が落ちる日が来る」

常にお客様を喜ばそうと考えながら、その心の奥底ではいつか飽きられ転落するかもしれないと、警戒心とともに、もしもの失敗に備える覚悟のような気持ちが芽生えていた。

その証拠に、浩三は開業時に銀行から借りた五〇〇〇万円を繰り上げ返済し、四年後には完済している。銀行の利息が一〇・五％と高利だったこともあるが、売上が落ちて多額の借金が残るのは避けたかった。

「ご来店いただいたお客様に、どうすれば必ず満足していただけるのか」

浩三は、自分の心を可視化してみた。

角上魚類、「四つのよいか」

鮮度はよいか

値段はよいか

配列はよいか

態度はよいか

この四つの項目について常に満足のいく状態がキープできれば、現状は維持できるかもしれない――。

浩三はこの言葉を店内のあちこちによく見えるように貼り出し、自分はもちろん、従業員全員が売り手としての意識を高めるよう努めた。

初の県外出店が教えてくれた「対面販売」の重要性

角上人気もいつかピークがきて、あとは下り坂になるだろう――。

浩三はいつもその覚悟をしながら、寺泊本店の経営にあたっていた。ただ意外にも、開業して一一年を迎えた昭和六〇年になっても、角上の売上は落ちることはなかったのである。

これについては関越自動車道の部分開通や、その後の全線開通、また北陸自動車道との連結という道路事情に、大いに影響を受けた。寺泊の魚屋通り「魚のアメ横」が、高速自動車道を利用した関東圏・北陸圏からの旅行ツアーに、新潟観光のスポットとして採用されたからである。

寺泊は越後一宮・彌彦神社、越後の奥座敷・月岡温泉などと並んで観光バスルートの一つとなり、魚のアメ横の広い駐車場を大型バスが埋め尽くすようになった。自家用車にも、関東方面のナンバーが目立ってくる。

寺泊の旅館も、昭和五〇年代初頭までは老舗旅館が三軒あるだけだったが、観光客が増えるに従い宿泊所が圧倒的に足りなくなった。海岸沿いに開けた素朴な漁村には数年のうちに、一気に三〇軒もの民宿が名を連ねた。

昭和六〇年前後には年間三〇〇万人を超える観光客が、寺泊に押し寄せてきたのである。これは当時、県下一の観光地であった佐渡島の来島客数より多い。当の寺泊町民もこれには大いに驚き、嬉しい悲鳴を上げた。

年間三〇〇万人が訪れる観光地となった寺泊町――。

角上魚類は連日、お客でごった返す異常な混みようだ。しかし前述したように、浩三は一人、その繁栄の陰でいつ売上が下がるかと、一人焦り、おびえていた。

だが、いつ来るかもしれないピーク、そして事業の傾きを、じっと待っているわけにもいかない。

つのる危機感は浩三に、県外へと目を向けさせた。

「これだけのお客様が関東から来るのならば、新潟からも打って出られるということだ」

角上を県外に進出させる！

新たな目標を得て、浩三は息を吹き返した気分になった。

浩三は新潟から関越自動車道を使って行ける、一番近い大都市という点に注目した。ターゲットは群馬県高崎市――海なし県である群馬の中核都市・高崎は、鮮魚には馴染みのない地域である。そこに新鮮な魚を、多種多様に持ち込むのだ。これはヒットする、間違いない――。

浩三は昭和五九年、「日本海、丸ごと担いでやってきた」というキャッチフレーズを掲げ、角上魚類の県外第一号店・高崎店を堂々オープンさせた。

「高崎でも寺泊本店のように、ひと月に四〇〇〇万円、五〇〇〇万円を売り上げるぞ」

浩三は気勢を上げた。実際、月にその程度の売上がなければ、群馬は輸送費が余計にかかるため赤字になってしまう。

ところがこれは、みごとに当てが外れることになる。

群馬県高崎市は浩三が思った通り、鮮魚には縁遠い地域だった。それは間違いなかったが、それゆえ丸のままの魚を買うお客が少なかったのだ。

魚屋としてはこれまでになく広い店舗にさまざまな魚を大量に並べるのだが、売れるのは保存食にもなる干物類や冷凍魚ばかり。つまりこれが、地域で食べ慣れてきた味だったのである。

浩三は空振りにしょげたものの、お客の様子をじっくり観察してみることにした。「日本海の魚はおいしい」というイメージは確かにあるので、店には大勢のお客が途絶えることなく来てくれている。ただ、活きがいいとか悪いとか、そういう〝魚に対する認識や知識〟が薄いのだ。

たとえば、イカ。新鮮で表皮が黒褐色のものより、鮮度が落ちて白く変色したもののほうが新鮮だと思い込んでいるので、せっかくの黒いイカを並べても、「活きが悪くなっている」といって見向きもしない。またそれまで高崎では太平洋の魚が主流だったので、サバやサンマはよく知っているが、日本海のハタハタやギスなどという魚は食べ方もわからない。

浩三はこの地で、鮮魚をなんとかして売ろうと思った。それが実現できなければ、「日本海を担いでやってきた」甲斐がないではないか。

高崎店ではこれまで以上に、対面販売で鮮魚の魅力をこつこつと教えよう――浩三は、鉢巻きを締めなおした。

一日、また一日と、繰り返し魚の種類やさばき方、調理のコツをレクチャーしていくうちに、半年ほどで干物類と鮮魚の売上のパーセンテージが逆転した。そうなればもうこちらのものだ。魚の鮮度と安さには自信がある。

高崎店はその後、間をおかずに地域の話題の店となっていったのである。

角上魚類は浩三の危機感によって県外出店に踏み切ったが、これは出店された地域にとっても大きな変革を余儀なくされたといっていいだろう。

高崎の人々はそれまで食べ慣れてきた干物類から、見たことも聞いたこともない日本海の魚を手にし、調理して味わった。これまでにない未知の体験により、好奇心と胃袋を満足させることを覚えたのである。またその日の食材を多種多様な魚から選べるという選択肢の広がりも、買物をする楽しさになった。

角上魚類は単に魚を売っただけでなく、新たな食文化の構築や心地よい消費体験も、お客や地域に持ち込んだのである。

こうした進出パターンはその後、海から遠い都市に出店するたびに繰り返された。たとえば平成六年にオープンした長野県諏訪市の諏訪店――諏訪湖の水産物としてワカサギが有名な土地だが、ここも海産鮮魚を食べる習慣は乏しかった。それが角上魚類の登場以後、家庭の食卓が一変する。切り身だけでなく丸ものの魚が焼かれ、煮付けられ、新鮮でなければ食すことができなかった内臓なども味わえるようになった。山間地の魚食に、彩りが出てきたのである。

もちろん、親が食べれば子も食べる。期せずして角上魚類は、食体験のすそ野を広げるという役割を担ったのである。

浩三が心配した通り、寺泊店のピークはやってきた。

高崎店開店から八年が経った平成四年頃より、寺泊の観光客が目に見えて減り始める。その後、民宿は看板が残るだけでほとんどが廃業。平成二八年には、浜茶屋と民宿が数軒と旅館が五、六軒あるのみだ。

異常なほどの町の賑わいに、恐怖を感じて県外に進出した浩三。その時にうかれていたら、今の角上魚類の姿はないのである。

ダイエー中内社長、角上に現る

角上魚類創業一三年目となる昭和六三年夏、浩三の身に想定外の出来事が起きる。ダイエーの創業者・故中内㓛社長が角上魚類繁盛の噂を聞きつけ、来訪したいというのである。

仲介者は浩三の親友で、同じ地元（長岡市）でたこ焼き・焼きそばのファストフード店を開いていた株式会社ピーコックの塚本勝美社長。ピーコックは東北エリアに続々と出店していたスーパーダイエーにテナント展開をしており、そのつながりから中内社長の申し出を浩三に伝えてきた。

思い返せば浩三が小売店を開く際、いの一番に視察に出かけたのが、新潟市万代で営業をしていたスーパーダイエーだった。そのダイエーの社長が、自分の店を見せてくれというのである。

ダイエーといえば当時、押しも押されもせぬ商業界のトップであり、創業者で社長の中内さんといえば雲の上の、神のような存在の人だ。昭和六〇年には日本で初めて小売業界売上高一兆円を達成し、昭和六三年にはプロ野球界へも参入。パシフィック・リーグの福岡ダイエーホークスを誕生させたうえ福岡ドームの建設にも着手するなど、グループを急拡大するその真っただ中での、角上訪問の依頼であった。

その中内社長がわざわざ、この寺泊という田舎へ来たい、それもわが店を見たいという申し出は、浩三にはにわかに信じられなかった。

小さな魚屋の主が近くに寄れるような人物ではない――。

そうは思ったがしかし、浩三には断る理由はなかった。

これでダイエーのコネが得られる、などという下心はみじんもなかった。ただ、自分の商売にはやはり自信があったし、中内社長の評価も聞いてみたかった。

「見に来たいとおっしゃるならいつでもどうぞ、いらっしゃいませ」

浩三は快諾し、昭和六三年八月のある日、ダイエーの中内社長は部下を三人連れて、寺泊本店を訪れた。

「魚屋というのは、こういう魚を売らなければいけない。こういう店づくりをしなければだめなのだ」

中内社長は寺泊本店の売場を縫うように歩きながら、部下へ向かって叱咤していた。ここは何売場、ここでの販売員の仕事は……と説明する浩三の後ろで、中内は遠慮なく、部下にアイデアを想起させようと何度も語りかけていた。

昼食は店に近い旅館の一室を借り、ゆっくり会話を楽しみながら郷土料理に舌鼓を打つ——という予定だったが、なんと浩三はかしこまっているだけ。頭の中はまっしろ、中内社長に対して一席、商売の話を披瀝しようなどという気持ちにも恐れ多くてならなかった。天下のダイエーの社長を前に、何を話したかも、何を言われたかも覚えていないのである。

浩三は視察を終えて東京へ帰るという中内社長に、角上魚類が作った二本のポスターを、参考資料の意味合いで土産代わりに手渡した。それは四年前、浩三が群馬県高崎市に進出する時に制作した作品で、一枚は店のおばちゃんが片手にカニ、片手に魚を持ち、「日本海、丸ごと担いでやってきた」とキャッチコピーを入れたもの。もう一枚は町の高台から、わがふるさと寺泊の、海や港を写した風景主題のものだった。

中内は丸めたポスターを受け取ると、

「柳下さん、今度上京する際は、ぜひうちの本社にお越しください。お待ちしていますよ」

気さくにそう声をかけてくれた。

それから間もなく、中内社長から視察のお礼として、額装された書が届いた。

たっぷりとした墨で伸びやかに綴られていた文字は「誠心」——突如、送ってこられた書に浩三は驚いたが、その書を眺めるうち、「角上の商売のやり方、そのままだな」と感じ入った。なぜ中内がこの書を自分に贈ってくれたのか、確かめることが野暮に思えた。

数か月経って、浩三が所用で上京した折に、せっかくだからとダイエー本社へ挨拶をしに行ったことがある。

通された社長室で中内社長を待つ間、何気なく部屋の中を見渡していた浩三の目に、中年女性のほほえみが飛び込んできた。

両手にカニや魚を持ったその脇に、「日本海、丸ごと担いでやってきた」の見出しが躍る——えっ、と、心臓が止まるほどびっくりした。

なんと社長室の壁に、浩三が渡した角上魚類のポスターが貼ってあったのだ。

かーっと頭に血が上り、それが落ち着いたあと、浩三は感激で胸が熱くなった。

「魚のアメ横」という名で少しは知られてはいたものの、まだまだ吹けば飛ぶような、田舎のちっぽけな魚屋である。そんな角上魚類を、あの中内社長が認めてくれたのか――浩三は、天にも昇る気持ちになった。

小売店を開いて一三年、忙殺されそうな日々の中、大きな刺激になった出来事であった。

フランチャイズ出店という落とし穴

寺泊町を訪れる観光客はだんだんと減ってはきたが、「魚のアメ横」は新潟・長岡エリアの観光スポットとしては依然、人気を保っていた。さらに角上魚類が高崎店を出店し話題の店になったことで、角上の知名度は上がることはあっても、下がることはなかった。

角上魚類は本店を構えて一〇年後に、年商三〇億円を記録した。その直後に出店した高崎店でも、見込んでいた売上を上回る実績を記録した。こうなってくると、多方面から角上魚類に出店の要請がどんどん寄せられるようになってきた。

だが、角上魚類のような鮮魚専門店は、いくら立地条件がよくても「すぐにオープンしよう」とはならない。なぜなら一店舗に最低でも一五人は魚に精通した人材が必要だからだ。人材に余裕がなければ、既存店から優秀な人材を削らなくてはならなくなる。もちろん店舗建設にも億という金がかかる。それらが理由で急な店舗展開は無理なのだと、浩三は新規開店を見送ってきた。

だが、わずか二店舗ではあるが店を出せば出しただけの結果が表れていたことから、それまで多店舗展開を控えていた浩三も、油断をした。

「経営はうちでやるので、角上の看板と仕入れ、仕組みを貸してもらいたい」

角上の直営店でなく、フランチャイズ契約の申し入れであった。

相手の熱心な誘いに、浩三は考えた末、昭和六〇年、最初のフランチャイズ契約に踏み切った。

もっと角上の名を知らしめたい、もっと大勢のお客様に来てもらいたいという、企業家としての欲もあった。その頃、スーパーやファストフード店、ガソリンスタンドなど、暮らしに身近な業態が次々とフランチャイズ展開を進めていたことも、浩三の気持ちを後押しした。

角上魚類は商標看板と魚を加盟店に供給するという内容で、数社とフランチャイズ契約を結んだ。もちろん、浩三が練った店舗運営の規範「四つのよいか」も遵守するという約束である。

契約後は埼玉県や群馬県に数店舗が開店し、角上魚類の大きな看板が上がった。それらの店は開店すると瞬く間に、爆発的な人気を得た。

ところがフランチャイズ契約をしていたうちの一社、ここではA社としよう。そのA社の経営者が、あまりの角上人気に儲け主義に走った。

「角上魚類の名前さえあれば、多少手を抜いても売上は上がる」とばかりに、店の造りや商品の売り方などを、角上魚類とはかけ離れた手法で運営するようになった。利益だけを優先する値付けや商品管理がなされ、魚はただ雑然と並べられる。仕入れてから三日も四日も経つ魚を、一日ごとに値下げをしながら平気で置くようにもなった。販売員からの丁寧な説明もなく、右から左へ売りさばくだけ。

「こんな売り方では先行きが危ぶまれる」

店舗視察をするたび浩三は苦言を呈したが、その場ではいい返事をするものの、浩三が帰るとまたすぐに元に戻ってしまい何度言っても直らなかった。

そこには浩三が大切にしてきた買物をするワクワク感も、食卓を囲む温かさも楽しさも感じられなかった。

浩三の「四つのよいか」は、空理空論として扱われたのだ。

そもそも角上魚類という鮮魚店の狙いは何なのか？

角上魚類がすべき商いとは何なのか？

――浩三はA社の傍若無人なやり方を見て心を痛めた。同時に、自問を繰り返した。

俺は、どうやったらお客様が喜ぶか、どうやったらお客様が「買ってよかった」と満足してくれるかを追求してきたし、それが商売の基本だと思ってやってきた。

角上魚類は「また買いに来よう」というリピーターを常に作っていかなければ、衰退していく。うちのようなロードサイドに立つ店は、お客様にわざわざ足を運んでいただくための魅力を持たなければだめなのだ。

そしてせっかく来てもらったからには、「足を運んでよかった」「魚を買うなら次も絶対、角上に来る」と言われる店づくりに徹しなければだめなのだ。

そのために「四つのよいか」は生まれたのだ、と浩三は改めて痛感した。

鮮度はよいか
値段はよいか
配列はよいか
態度はよいか

この四つがどれも偏らず、総合的に揃っていることが大切であり、一つひとつの項目が同業他社に比べて圧倒的に秀でていなければならない。他の魚屋でも鮮度のいい店はあるだろう、だが値段でどれだけ優れているか？　鮮度感のある陳列で優れているか？　従業員の接客態度や商品知識はどうか？

そうした、他店との大きな差がつく要素を、角上は大切にしていたのではないか？　その規範に反したA社を、このまま野放しにしていていいのか——。

浩三が自問をしているあいだに、寺泊の本社には、A社が運営する店舗についてのクレームがくるようになった。

魚の鮮度が悪い、うまくない、値段も高い、販売員が魚を知らない……。

同じ角上の看板が上がっているのだ、客はどの店も角上魚類の直営店だと誤解をする、それは当たり前なのである。

浩三は猛省した。魚屋の経営が簡単でないことは、自分がその身をもって感じていたことなのだ。それをフランチャイズなどという紙一枚の契約で、これまで培ってきた信用さえも金に換えるところだった。

浩三はすぐに、A社の経営者と会い、頭を下げた。

「頼みます、角上魚類との共同経営で店舗運営を行ってもらえませんか」

A社の社長は鼻息が荒い。

「何をばかなことを。あんたのところとはしっかり契約を交わしている。まだ契約期間なのだから、うちの思うようにさせてもらう」

A社のフランチャイズ店は、本家本元の角上魚類をしのぐ繁盛ぶり。まさに飛ぶ鳥を落とす勢いだったのだ。浩三の言葉に耳など貸すわけもなかった。

その後、契約期限が切れるのを機に、浩三は順次、A社だけでなく、すべてのフランチャイズ契約を解消することにした。一店につき毎月入ってくる八〇万円という契約料も、角上魚類の信用には代えられなかった。

一日も早く、直営店だけで再出発したい――浩三は心が急いた。すでに小売店開業から一八年経ち、角上の運営方針にも職人育成にも自信が持てた浩三は、平成四年には長野県長野市に長野店、群馬県前橋市に前橋店、平成五年に埼玉県川口市に川口店を出店していた。A社は最後まで角上の看板を下ろすことを渋ったが、角上魚類が自腹を切り、看板の撤去・設置代の半分を支払った。

隆盛を誇ったA社のフランチャイズ店だが、その後、単独経営になって四、五年のうちに廃業してしまった。角上が手を引いたフランチャイズ加盟店はいま現在、一店も残っていない。

それだけ魚屋というのは売り方が重要なのだ。

浩三が改めてそれを確信した失敗経験だった。

寿司・刺身が主力商品に育つ

関東圏への進出を機に、浩三が本格的に力を入れ始めたのが「寿司・刺身」である。

何といっても寿司・刺身は日本食の代表だ。祝いの席はもちろん、普段でもちょっと張り込みたいときには、誰もが寿司を選んで買っていく。また独り暮らしや職を持って働く主婦の多い都会では、買ってすぐ家で食べることのできる寿司や刺身は、ファストフード感覚で重宝されるだろう。実際、スーパーマーケットなどでも寿司のパックは売れ筋である。

しかし、単に「寿司・刺身」といっても、スーパーマーケットや回転寿司に並ぶ商品のなかには、国内加工ではなく韓国やフィリピンでカット加工された、冷凍のネタを使っているものもある。

「皆様に信頼していただいている、角上ならではの寿司を売らなければならない。本格派の寿司店や料理店で出されるような、ハイレベルの商品づくりをする！」

浩三は仕入れを担当する複数のバイヤーに、その日その日の、安くて鮮度のよい寿司ネタを選ばせた。もちろん魚は丸もので、寿司を作る時間に合わせてさばき、冊《さく》からネタを切り出す。マグロは、値が張るが味のよさで本マグロを使った。

浩三が思った通り、角上魚類の寿司・刺身はすぐに大人気商品になった。回転寿司のように破格の安さというわけではないが、本格的な寿司店で握ったような寿司が手ごろな値段で買えるのだ。

「角上の寿司・刺身」というイメージはあっという間に広がり、そしてすっかり定着した。

現在では一二月三一日の一日だけで、寿司を一〇〇〇万円以上売る店が七店舗、刺身を一〇〇〇万円以上売る店が一三店舗となっている。「年末の寿司や刺身は必ず角上で買う」と、車で一時間も二時間もかけて店を訪れ、その上わざわざ長蛇の列に並んでまで買うお客が後を絶たないのである。

この寿司・刺身をここまでの高みに持ち上げたのは、魚の鮮度ともう一つ、魚をさばく優良な技術に他ならない。浩三は魚屋の基本として、従業員にはすべて、包丁の技を習得するよう指示、徹底している。これは高卒者でも大卒者でも、中途採用者でもパートでも分け隔てなく全員の義務となっている。

「昔は板前の修業で皮引きに二年、刺身切りに三年かかるなどと言われていたが、本当は一年も鍛錬すればきちんと切れるようになる。

皮の引き方、骨のはずしかたを覚えて、あとは冊を切る。最初の出来栄えはよくないかもしれないが、必ず習得できる。どうかあきらめずに精進してほしい」

浩三は年に二回、三回と、各店の刺身担当者を一堂に集め、研修を行った。研修後はそれぞれが、自店で実地研修を行う。

どの社員も一年ほどすると、及第点を取れるレベルに達する。

浩三はたびたび、店舗視察で驚きの声を上げるのだ。

「この刺身、よくできてるなァ」

浩三が感嘆すると店長が嬉しそうに、

「昨年の新入社員が作ったんです」

「こっちはパートさんが作ったもので」

と報告してくれる。

「そうか、そうか。きれいにできてる」

そして浩三は、本人たちを直接ねぎらうのだ。

すると次に浩三が店舗を訪れたときには、従業員のほうから積極的に、「今日の出来栄えはどうですか？」と訊いてくるようにもなる。商品の出来栄えを競うよい循環が生まれ、教育が浸透している証だと、浩三は嬉しくなる。

新鮮で厚みのあるネタで作る寿司・刺身は、いまでは角上の売上の約四割を占めるドル箱商材となっている。

「売る虎セール」にみる店頭販促の臨機応変

小学六年生から熱狂的な阪神タイガースファンの浩三は毎年、四月と七月には甲子園に応援にも行っている。

平成一五年、阪神が一八年ぶりに優勝し、浩三はまさに狂喜乱舞。これはめったにないこと、何かお祝いをしなければと思い立つ。

そうだ、角上全店で一日ずつ、〝阪神半疑・半額セール〟を行おう。

タイトルは……「売る虎（ウルトラ）セール」にしよう！

浩三の瞬間的な思い付き、独りよがりのイベントのようだが、浩三はこれを、顧客への還元セールと位置付けた。これをチャンスにドカン！と、日頃のご愛顧にお応えしたいというわけである。

このイベントに際して浩三は、

「普段売れている商品は、セール期間中であっても絶対に品切れさせるな!!」

と、各店に伝令を出した。

なぜなら普段から人気を集めている商品というのは、買う側が通常価格を知っている。このイベントセールは本当に全商品を半額にしているかどうかを、いつも買っている商品の価格を見て判断するからだ。営業時間内はもちろん、イベント期間中に品切れになってしまっては、その真偽が問われかねない。

各店は浩三の言いつけを守り、売れ筋商品を大量に仕入れ、品切れを起こさなかった。これによりお客は半額セールを疑いないものとし、角上魚類にさらなる信頼を寄せたのである。また角上魚類をこの機会に知ったという、新規の顧客開拓にもなった。

当時の直営一八店舗で行われたこのセールは、予想をはるかに超える人出となった。本来なら一〇億円を売り上げるところ、半額なので五億円。売れれば売れるほど損失となり、会社としては二億円の持ち出しになったが、

「お客様に喜んでいただき、なおかつ角上に信用と親しみをもっていただいたことを思えば、大変安い販促費だ」

五日間にわたり一日何千人もの客対応と品出し・商品作りを行った社員たちの連携プレーに、浩三は深く頭を下げた。

その二年後、ふたたび阪神が優勝して、二度目の売る虎セール――。

これには浩三も、嬉しい悲鳴だったが。

〝社心〟に込められたお客様への思い

平成五年、「社是をつくらないか」と、ある人から助言があった。

言われてみれば確かに、「四つのよいか」という店舗運営の原則、つまり〝社訓〟はあっ

ても「角上魚類としてこれを正義とする」という社是はなかった。

「お客様に対する気持ちを表そう」

浩三は考え、そこで導き出したのが、

「買う心　同じ心で　売る心」

というものだった。


日常生活においていろいろなものが「売る」と「買う」にわかれて成り立っている。我々は社を一歩出れば、買う立場でもあるのだ。我々も買物をするときには、多様な店員に遭遇することだろう。とても気持ちのいい応対をする人、親切に立ち回ってくれた人――そんな時に買う側はとてもよい気分になる。また、その逆の応対であったなら、我々はとても不愉快な思いをする。

そこで我々角上魚類の従業員は全員、「自分がこうしてもらったら嬉しい」「こうしてもらったらありがたい」と思うことを、お客様にして差し上げようではないか。

すなわち、お客様というのは「神様」であり、そうした質のよいサービスを提供するにふさわしいお相手なのだから――。

寺泊本店を開業してまもなく、浩三が店内に掲げたスローガン「神様いらっしゃい。お客様は神様です」は、十数年経っても錆びることなく、浩三の心身に刻み込まれている。お客をどう喜ばすのか、どう受け入れてもらうのか、角上魚類は常に、そこだけに照準を合わせてきた。

一億総消費社会では誰もが、「売り手であり、買い手である」。その表裏一体の立場を真摯に受け止め、「買う心　同じ心で　売る心」と説いたのだ。

浩三はこれを社員にもわかりやすく、企業理念や社是ではなく「社心」と称することにした。

その後また、「社心」をより具体的に表現するものとして、「角上魚類　社心の行動指針」を発表している。

「角上魚類　社心の行動指針」

1．お客様には元気な声で挨拶をする。

朝は「おはようございます」、昼は「こんにちは」、夕方は「お疲れ様です」と口先だけでなく心から。もちろんこれは店だけでなく事務所においても社員同士でも同じことです。

2. お客様に何か尋ねられたら即座に答える。

もし自分が分からない時はすぐに店長、副店長に応対してもらう。もちろん店長、副店長はどんなことでも常日頃から応対できる準備をしておかなければなりません。

3. お客様からの要望には先ず「はい」とはっきりとした返事で承る。

そしてできることはすかさず気持ちよく引き受ける。できない時ははっきりとできない理由を説明して丁重にお詫びする。

4. 何回か店に来られているお客様は必ず名前を覚える。

そして「○○さん、いつもありがとうございます」と相手の名前を呼んで親しみと感謝をこめた挨拶を交わすようにする。

5. お客様からのクレーム、苦情は素直な気持ちで話を聞く。

決して言い訳や反論をしない。お詫びから入ってそして最後は感謝する。

角上魚類各店ではのちにこれを、朝礼で声に出し復唱するようになった。浩三はその自発的な動きを褒めながら、しかし、「儀礼的にやってはいないか」と常に問い質している。

「行動指針の内容は理解、納得して心に刻み付けておくからこそ、すぐ行動に移せる。完全に言葉を覚えていなくても、行動指針はこういうものとわかっていれば、おのずと体が動くのです」

浩三は会議で、店舗で、従業員を前に再三、語る。わが身にもまた、深く、深く、沁みつくように――。

「今は、会社の成績はよい。だがこれが未来永劫続くとは限らない。

我々が一つひとつの課題についてもっともっと精度を上げ、お客様にはさらに喜んでいただくという気持ちでやっていく。これが角上魚類にとっての〝必要不可欠〟なのです」

脱多店舗化で日本一を目指す

早朝五時前の新潟市。

中央卸売市場に、今日も浩三の姿がある。七〇代半ばを超えたいまでも、木曜から土曜までは毎日、市場に行き、魚を仕入れている。

浩三が小売店を始めた頃、市場での買い付けは相対だったが、その後、競り方式に変わった。帽子のつばの下、ただ眼だけがぎらぎらと光り、うずたかく積まれた魚箱を見つめている無表情な浩三が、狙った魚を思った価格で競り落とせたとき、得意げにニヤリとする。

今日の仕入れもずいぶん、調子がいいようだ。


魚というものは決まった原価というものがない。漁獲量が多ければ安い魚になるし、少なければ高くなる。競りでは魚の量が多く買う人が少なければ値段が下がるが、魚が少なく買う人が多いと値段が上がる。仕入れ値と入荷量、売れる量のバランスを取ることが非常に難しい。

また、「この価格ならどのくらい売れる」という読みも、バイヤーには必要だ。魚には相場観というものがあり、「この魚ならこのくらいの価格」という暗黙の値がある。それを、その日の値段とよく照らし合わせることが大切である。

たとえ相場観をふまえ店頭でどう魚が買われるかを読んでも、その日の天候によってお客様の出足が鈍ることもある。そうしたズレを最小限に抑え、いかにその日の魚をその日のうちに売り切るか――。

安い魚を場当たり的に買い付けて並べるような商売は、三〇年も四〇年も前の古い商売だと、浩三は思う。こうやって社長である自分が市場という現場を見ていること、その経験の積み重ねが、売場にもうまく反映できていると自負する。

角上魚類は直営で多店舗展開を始めて三〇年。

現在、新潟県内に二店舗、県外に二〇店舗を有しているが、

「これ以上は増やさない方針にする」

と、創業三〇周年の際、社内に向け表明した。

これからの時代、多店舗化は世情に沿わない。二二店舗なら二二店舗と決め、売上もあ

る程度のところできちんと運営・管理していく。その範囲でしっかりと地固めをすることが、お客に対しても責任の持てる店づくりの限界だと信じている。
「お客様にとって、いかに魅力ある売場、店舗が作れるか」
現場主義でやっていくことが、その答えに近づくことなのだ。

小売店をスタートさせ、関東圏へ次々に出店していく中で、浩三は一つの夢を追いかけるようになった。

日本一の魚屋になりたい。

売上や従業員の数、店舗数が日本一多いということではなく、どこの魚屋と比べても〝一番質がよいこと〟、すなわち取り扱う商品の質（鮮度・魚種・価格の三つ）、店で働く従業員の質が優れていることが「日本一の魚屋」なのだと浩三は思う。
「魚屋はなにも、魚屋同士で試験をしてトップになるものでもないし、野球やサッカーのように試合をして競うものでもない。私の言う日本一の魚屋とは、その地域、地域にある競合店の中でダントツにいい魚屋だとお客様に認められる店のことだ。

『角上へ行きたい』『角上が圧倒的によい』という称号をもらえる店を、私は目指す」

年商三〇〇億円という数字は、店づくりの達成度の目安にはなっても、浩三の安心材料にはならない。「魚を買うなら角上」というお客の高い評価を裏切らず、もっともっと期待される店づくりをしなければと、上だけを見つめる。

質のよい商品・サービスを提供すればするほど、それが当たり前になる。自分たちで作ったスタンダードを、さらに高め、塗り替える繰り返しである。それはさながら、無限の高波を乗り越えて行く、船のように思える。

船を率いるのは柳下浩三、二二一の船団を従えて、未だ気炎万丈である。

柳下浩三印象記

柳下流〝誠意〟

筆者と角上魚類の出会いは平成十一年。自著で、角上魚類株式会社とその代表取締役社長である柳下浩三を取材したことに遡る。

当時、柳下社長は六〇歳。気力も体力もみなぎり、直営一七店舗を率いていた。

柳下は、本社を置く出身地・新潟県長岡市の経済界では、ことに有名な人物である。

まずは、その風貌。いかにも意思の強そうな太い眉毛、眼光鋭く、常に何か獲物を狙っているような隙のない表情である。胸元や腕には金色のアクセサリーが光り、こういうと失礼だが、街ではあまりすれ違いたくない強面タイプである。見た目の印象通り酒量は底を知らず、飲めば一転して陽気。そしておやじギャグ。

酒豪であるからして昼は静かにエネルギーを溜めるタイプかと思えば、意外なことに柳下はスポーツも、見るのもやるのも好きなのだ。

前に触れたように、自他ともに認める阪神タイガースファンで、年に数回は甲子園へ出かけ、応援をする。ゴルフは、六〇歳になるまで誰にも負けない飛ばし屋。五〇歳でスキューバダイビングのライセンスを取得、七〇歳からウインドサー

COLUMN

フィンにも挑戦してきた。いまも、あふれる好奇心を満たす体力を維持している。

そんなユニークなキャラクターが注目され、故宮尾すすむさんの著名なテレビ番組のコーナー『あぁ日本の社長』で取り上げられたこともあった。新潟の卸売市場でセリを終えた柳下が、車で一時間をかけて自宅に戻り、野菜や果物と一緒にあれもこれもと健康食品やサプリメントをミキサーに放り込む。これを「栄養ドリンク」と呼び、片腕を腰に当てて、ぐびぐびと飲んでいた姿が印象的だった。

筆者は初めて柳下に会うと決まった時、角上魚類の出入り業者の知人から「社長は事務所でしょっちゅう怒鳴っている」と聞いた。私も取材時に何かヘマをして、雷を落とされないかと心配したものだ。

それが実際に会ってみると「俺ってシャイだから」と、いたずらっ子のような瞳を輝かせ、ギャグを連発しておどけて見せる。気負って行ったぶん少々脱力したが、その後、角上魚類で発行する年二回の社内報制作の手伝いをする中で、柳下がなぜこんなにも誰とも気安くしてくれるのか、その理由が明らかになった。

角上魚類の前身の卸兼網元だった「柳下商店」へ、息子である柳下が跡取りとして入社した昭和三四年頃——。

今のように四輪自動車はない時代、青年柳下は三輪トラックに、寺泊港や出雲崎港で水揚げされた魚を積み、旧分水町や加茂市、三条市、長岡市など、近在の町村にある魚屋や料理屋へ売りに走った。

道路は舗装路でなく砂利道である。冬になって少しでも雪が降ると、三輪トラックでは役に立たなかった。そんな季節には竹で編んだ大きな背負子に魚を入れて担ぎ、汽車に乗って長岡や三条まで行き、一軒一軒、売り歩く。

「汽車には学生や若い女性がたくさん乗車していて、私も同じ年頃でしたから、背負子姿がとても恥ずかしかった。そのうち籠はデッキに置いて自分だけ座席に座り、誰の荷物かわからないフリをしましてね」

社長室のソファに身を沈めた柳下が、青年時代の羞恥心を呼び戻したのか頬を紅潮させて笑う。

しかしそうやって下積みで魚を売り歩いていると、魚屋や料理屋の亭主の心根がよく見えてきた。

店先で、魚に目もくれず「今日は魚はいらないよ」と柳下を追いやる人。

魚はいらないと言いながら、

「可哀想に、こんなところまでわざわざ担いで来てくれたか。まずお茶でも飲みなさい、昼でも食べていきなさい」

と、優しい声をかけてくれる人もいた。

柳下は今でも、そうして家に上げ、食事の世話をしてくれた家を覚えているのだという。

「人間の情や人の性格、根性というものは、目下の者に対してどういう対応をするかによって露わになると、そのとき痛感した。だから私は今、角上魚類の社長として、どこのどんな役職の方が来ても同じ応対をしている。それが私の〝誠意〟だと思っています」

これは社員に対しても同様で、一人ひとりと対等な気持ちで接するというのが柳下の信条である。

実際、設立三〇周年記念のパーティでは全社員の面前で、「私に生意気な態度が見えたら、いつでも率直に言ってほしい」と述べている。

COLUMN

いつも社員を怒鳴っている？

「柳下社長はよく怒鳴っている」という点について、本当に怒鳴っているのか、またどんな時に怒鳴るのかを訊いてみたことがある。

「ええ、確かに怒鳴ってはいますね（笑）。

なんで怒鳴るのか？　それはこっちが聞きたいこと。

なんでこんなことをしているんだ、今日はこの魚をいくらで仕入れ、いくらで売るべきなのかを理解しているのか、と——店を回っては怒鳴っていますよ」

柳下の怒りの原因は明確である。常日頃から指導している方法と異なるやり方で店舗運営をしているときに、怒りが爆発するのである。

たとえば、

角上のルールに合わない値を付けていた場合、

刺身や寿司の出来栄えやパックの仕方などに不備がある場合、

ＰＯＰ（商品表示）の内容と商品が違う場合

——など。

「そういう場面を見つけると、すぐに『おい、これ！』と怒鳴る。しかしそれは感情的に怒っているんじゃない。本来ならば店長・副店長が注視して回り、変だと思ったらすぐに直さないといけないこと。それができていないことに対して指摘し、訂正を促すのです。店長をその場に来させてね、店内にお客様がいても指導します。

ただ、そんなときに優しく『おい、来てごらん、これちょっと違うよ』なんてやらない。間違ったことに対しては大きな声を出してもきちんと叱らなきゃ、覚えないという信念があるんですね」

角上では数年前から「地区長」のポストを設け、よりきめの細かい店舗運営指導が行えるようにした。そのため、柳下が店舗巡回で怒鳴る姿もめっきり少なくなったという。

「四～五店舗ずつを取りまとめる地区長たちが、一週間単位で行動報告を上げてきます。どの店舗でどういう注意をし、どう改善したかが社内LANですぐわかるような仕組みです。

また店舗運営でやってはいけないことの事例も、地区長以下、各店にも十二分にいきわたっている。だから、いちいち私が店に目を通さなくてもよくはなってきています。

おかげで私も、最近はだいぶ仏様になっちゃった。本当は神様になりたいんだけど、仏様にね（笑）」

これは、社長と同じように店を管理する「目利き」のできる人材が育っているということで、「そんなふうにならないと、企業としての進展もありませんよ」と、柳下は間髪入れずに言う。

安堵したような声音だが、その瞳に少し寂しそうな気配を感じたのは、筆者の気のせいだったろうか。

魚屋の感性で下す経営判断とは？

現在関東を中心に、二二店舗の鮮魚専門店を運営、年商三〇〇億円を上げている柳下であるが、経営のヒントはどこから得ているのだろう。多くの経営者がそうするように、経済紙やビジネス書、インターネット情報から、次の一手を探っているのか。

すると、「業界誌をはじめ、経済紙やビジネス書のたぐいはまあ読みませんね。ネットで情報を

COLUMN

集めるということも、ほとんどしません」と、表情一つ変えない。

企業が成長する過程で経験したことを元に経営を行うため、その手法もお手本なし、まったくの独学というのである。

「本や業界紙を読んで経営が上手くいくのなら、誰でも事業を成功させたり大きく伸ばせたりするんでしょう。確かに参考にはなるでしょうが、私自身はものを読んだり学んだりすることが、そもそもあまり好きではないのです。

ただ幸いなことに、魚屋というのは独特の感性でやってこられた。魚屋は教科書を開いて方程式通りに計算すれば上手くいくものではなく、計算以外の要素がたくさんあるわけです。いや、計算以外の要素だらけといっていい。だから私でも、魚屋としては業績を伸ばすことができた。

魚屋以外の業態できちんとした経営をしなければならない商売や会社なら、私なぞでは務まらなかっただろうし、会社も潰していただろうと思いますよ」

角上魚類を取り上げたことのある経済番組の制作者はきっと、魚離れの激しい日本の食卓にあって角上魚類がいかに鮮魚の小売市場を研究して年々右肩上がりで業績を伸ばしているかと注視したのかもしれないが、柳下がほとんどスポーツ紙のタイガース記事しか読まない経営者であったとは、さすがに思いもしなかっただろう。

計算外の要素、と言う柳下が重視しているのが、マーケットリサーチャーに依頼しての店舗調査である。

これは覆面の店舗リサーチで、一般の消費者が店舗に赴き買物をすることで、店の雰囲気や接客、商品内容、価格設定などを公正に評価してもらうというもの。「現場主義」を貫く柳下にはあくまで現場ど真ん中の生の感想や意見のほうがよほど重要、ということらしい。

シャイな柳下、鈍感力を貫く

柳下は角上魚類の第一号店、寺泊本店を昭和四九年、人口六〇〇〇人の小さな海辺の町に出店するに際し五〇〇〇万円を借り入れた。昭和四〇年代後半で五〇〇〇万円といえば、現在ならば二億円前後に相当する金額だ。

当時の新潟はまだ交通網の整備が進んでおらず、商売をするならばある程度の人口があり、消費が見込める街の駅前や商店街で開業するのが常識の時代だ。郊外型の店舗などまだまだ、考えの及ばない頃だった。

大方の読者は、それも柳下の戦略の一つかと思うかもしれないが、そこがこの柳下浩三という人物の面白いところで、

「新しく通る道沿いの土地が、たまたま家の持ちものだったから」

「そもそも五〇〇〇万円の価値もわからなかった。元手も担保もなかった」

「しっかりした魚の目利きができ売り値も安ければ、お客様が来るだろうと思った」

という根拠だけで、

「ぱっぱっぱ～とやっちゃった」のである。

そんな柳下も今になって、寺泊本店の開店に際して思いを馳せるとき、

「無知とはいえ、寺泊という過疎地によく五〇〇〇万円も出して商売を始めたな、と。恐ろしいことをやったもんだと、自分でも怖くなりますよ」と言う。

「ただあの時は、自分が魚の小売店をやればお客

COLUMN

様は来るだろうと、その勘というか感覚だけで自信を持って挑戦したのです」

最初の頃は元手も担保もなく、保証人もいない状況で銀行に飛び込んだ——そんな自身の姿が脳裏に浮かんだのか、「俺はつくづく危うい男だったね」と苦笑いする。

金銭感覚がなかったから、と言うが、家業の儲けが月々いくらでとか、自分の給料がいくらでと、落ち着いて考えれば新規開業は到底叶わないこととふつうなら諦めるところだ。遠洋漁業を営み成功していた叔父の裁量で五〇〇〇万円は借りられたが、金利が一〇・五%、毎月五〇万円の支払いというのも、その時代にしてはハードルが高すぎた。

だが逆に、

「無知だったからこそできた」

と、柳下は言う。

できない理由はたくさんある、というより、できない理由のほうが圧倒的に多いのだ。だが柳下はその「できない」ことに鈍感になった。

「とにかく俺ならば繁盛させられる」との思いで情熱を傾け邁進する男には、「できないこと」が見えなくなったのだ。その結果が、現在の角上魚類なのである。

折々にその「無知」を無意識に武器にして、柳下は新潟から関東へ進出してきた。その生き様や考え方をテレビで取り上げようと、平成二四年秋には、とある人気経済番組に招かれることになる。

司会者が収録当日、ノーネクタイで現れた柳下に驚いた。「本番もネクタイをしないのか？」と訊ねる司会者に、「ネクタイは持っていない」と答えた柳下。まさかネクタイを一本も持たない企業家はいないだろうが、そんなふうに言える柳下を「かっこいい」と振り返っている。

当の柳下はネクタイをしていないことで褒められるとは思っていなかっただろう。収録日のネクタイの一件は司会者が察した通り、ネクタイを持っているにもかかわらず、着けていかなかっただけなのだ。

柳下は普段、会社では背広を着用しているが、ネクタイは社の幹部や店長を集めて年に二回開く会議のときか、冠婚葬祭のとき以外はどのような会合ででもほとんど着用しない。テレビ収録だからといって、普段とは違う、背伸びをした自分を演出することに抵抗を感じて、シャイな柳下はノーネクタイで登場したのだろう。

俺流を崩さないのは、なにより魚屋であることにこだわり、現場に徹底的にこだわり、それ以外には目もくれないから。「不必要なことには鈍感でいたい」という柳下のビジネス流儀なのである。

第二章

経営方針と店舗運営の秘訣

社心

買う心
同じ心で
売る心

角上魚類株式会社

新潟県長岡市の本社では年に二回、関東地域を中心に二二店舗ある店の店長、仕入れを担当する商品部、店舗運営を指導する営業部の幹部を集め、栁下から経営方針が発表される。

経営方針は、わかりやすい事例をいくつかピックアップしながら、是正すべき点を指導していくというシンプルな内容だ。クレームやリーダー論に交じって、ときに阪神タイガースのこと、ゴルフやテニスのプロ選手の話など、スポーツの話題を取り上げていくのも栁下らしい。そうした身近なネタを通し、「努力すること」、「お客様の心をつかむこと」を繰り返し、繰り返し説いていく。

この章では、近年、経営方針演説で取り上げられた話題やテーマをもとに行った栁下へのインタビューから、角上魚類の店舗運営の秘訣を探っていく。

クレーム対応の原則

現在、角上魚類に寄せられる「意見、クレーム」は、ひと月に二〇件弱。全国に二二店舗あるので、一店舗にクレームが全くない月があるということだ。店舗は基本的に、年中無休であり、曜日によっては何千人というお客が買物をしているのにもかかわらず、クレームが一件未満というのには驚く。

現在は店舗への電話、本社への手紙やFAXの他、インターネット・ホームページの問い合わせフォームからクレームが入るケースもあり、店の宛名できたものは店舗に確認して、店とお客様で完結するようにしている。これが栁下社長宛となれば、社長のデスクへ届けられる。

店に来たクレームへの対処としては、すぐにお客様のもとへ足を運び、お客との会話の中で解決する。クレームの内容や対処法は時系列でレポートにまとめられ、社内LANを介して社員全員が確認できる仕組みとなっている。

その一店舗月一件未満という少ないクレームにしても、

「店員の言葉遣いや態度が悪かった」

「順番待ちが後のお客より、切り身のでき上がりが遅かった」

「併設している精肉店や八百屋で買った商品に難があった」

「駐車場の警備員の応対が悪かった」

「レジの精算ミスがあった」

などであるが、柳下は、

「お客様は私や店にひとこと聞かせたいのだし、それにはきちんと応えなければならない」

と、一件一件、お客が納得する形での解決法を探るよう、現場に指示を出している。

またそうした対処・対応によって、クレームのたぐいはすべて穏便に済んでおり、社内で対応策を共有していることから、類似のクレームも減ってきているのが現状だ。

ただそんな中、平成二五年の下期幹部会で柳下は、「信賞必罰」といういかめしいタイトルの〝宣言〟を行った。光熱費などの小さな無駄遣いが減り、社の経費が大幅に改善されたことへの謝辞のあと、「非常に残念なこと」という語り出しでこう続けた。

今回、非常に残念なことが起きました。それはクレームへの対処の仕方です。もちろんお客様からのクレームには、きちんと対処しなければなりません。今回の事例を挙げますと、一つは店舗で従業員が寿司の品出しの時に、お客様の足を誤って踏んでしまいました。踏んだ従業員はそれに気づかない程度の踏み方でした。普通ならお詫びをして済むような問題だと思います。ところがその時、どのような対応をしたのかわかりませんが、医療費だの休業補償だのと二〇数万円も支払うことになり、しかも二か月以上経ってもまだ解決しません。

皆さんがもし、誰かの足を踏んだとしても、こんなことをしますか？　私にとりましてはお金以上に、このような人に「はい、はい」と言いなりになったことに唖然とすると共に、非常に、非常に腹が立ちます。

もう一つは店に来られたお客様がレジの近くで、品出し用に置いた箱につまずいて転びました。お客様はその時、大丈夫ですと言って帰られましたが、あとで電話が来て、「痛い」と言ったら、どのように対処したのか、その人は医者へタクシーで行ったり薬屋へタクシーで行ったりして、複数のタクシー代まで請求されて支払うことになったのです。

この一連の「事件」について改めて栁下に尋ねると、「あれは本当に、教訓となるクレームでしたね」と振り返った。

足踏み事件は結果的に、発生から解決までに二年かかった。ケガや骨折をしたのならば、医者代などの治療にかかる経費はもちろん払うのが道理である。しかしこの時は、プラスチックのカートを引きながら店内を見ていたお客様の足を従業員が踏んでしまった。打撲というにもごく軽微なものであった。

それが大事に至った。クレームは小売業に共通の問題だが、こじれるとその解決は困難を極める場合がある。お客様の評判を気にせざるを得ないゆえに、なるべく事を荒立てたくないが、脅迫と見まがうほどお客様の謝罪要求がエスカレートしてしまうことがある。神様としてあがめるほど誰よりもお客様を大切にしながらも、常識をはるかに逸脱した理不尽な要求が起きないように、初動でしっかり対応しなければならないと、栁下は結論づける。

「足を踏んだ従業員が『何かあったら言ってください』と初動で発してしまった。これがいけない。

もう一つの事例の、レジでお客様が転んでしまった時も、そばにいた従業員が『もし何かあったら言ってきてください』と言った。

どちらも『何かあったらなんでも面倒見ますから』というニュアンスで対応したことで、お客様の過度な要求を断れなくなってしまったんです」

店も忙しいし、対応した従業員も転んだお客にずっとは付き合えないということもあっただろう。転んだ人に「大丈夫ですか？」と声をかけるのは当然のことで、「何かあったら面倒みます、いつでも言ってきて……」というのも親切心から出た言葉だ。ことに相手が女性や年配者であればなおさら、親身な言葉をかけたくなる。

しかし、人は善行も悪行も行いうるもの。クレームには誠意を持って対応しても解決できないケースがあるということを従業員が意識していれば、「大丈夫ならよかった」で済ませられただろうし、ここまでの事態にはならなかったと思われる。

先の平成二五年の下期幹部会、「信賞必罰」には続きがある。

会社が大きくなり、各人が自分の保身に走り、責任や面倒なことが自分のところに来なければいいと思うようになってきているように思えます。もし今回、私がこのことを調べて指摘しなかったら、恐らく会社の誰もが一人として問題視することもなく、またこれからも同じことが繰り返されていったのだろうと思います。まことに残念です。

会社が大きくなってくると、そのような考えの社員が多くなることで、業績が落ちていくものと思います。最近の対応を見ると、最初から「何かあったら言ってください、こちらで面倒見ますから」というような雰囲気になっているのではないか――電気料金や水道料金と同じように、自分個人のことだったらどうするかと、よく考えてほしい。クレームに対してもう一度、最初の応対と対処の仕方をしっかりと勉強しなければならないと思います。

なお今回の二事例につきましては、担当者には当然、罰則を科します。

考えてみれば、会社設立から四〇年もの間、記憶に残るやっかいなクレームがわずか二件しかないというのにも驚きだ。クレームの元を作らない、言いがかりのような意見や文句には毅然とした対応をするという気構えが、従業員のはきはきとした態度に表れているからなのだろう。

「社員皆がお客様に対して誠意をもって接しているから、そういう雰囲気が醸し出されているのでしょうね。対処の仕方にも付け入る余地がないように、クレームについては〝即行動〟を促しています。

商品に落ち度があれば、すぐに店長がお客様のご自宅まで行って説明を聞く。たとえ些細なクレームだったとしても、また片道一時間かかる場所だったとしても、お話を聞いてお詫び、調査、検査、結果報告をします。異物混入なら返金して商品は持ち帰り、原因を調査してその結果をお客様に報告する。お詫び状と書面での検査結果も、お客様に送付しています」

反面、店舗数に比べてクレームは確かに少ないが〝ゼロではない〟という点について、柳下はこう考える。

「従業員が日ごろ何気なくやっていることが、お客様からどう見えているかの指針となるのがクレーム。お客様の不快感や不満、不公平感を知るきっかけですから勉強になります。クレームがないことは理想だけれども、もしあれば以後、同じことがないように気を付けるし、さらなるステップアップのための大事な資源だと思います。

ただ、クレームについての過度な反応は決していいとは思いません。以前、栃木県にお住いのお客様が東京の南千住店で買物をされたのですが、タコキムチの瓶詰三〇〇円が消費期限切れだったということで店にクレームが入った。店で商品の入れ替えの際に見落として並べていたのです。確かにこちらの落ち度であり、お客様にお詫びをすることにしました。ところが、なんと店ではそのお客様に一万円もする品物を送ったという。やりすぎですよ。私は南千住店の店長、副店長を呼んで叱りました。三〇〇円の商品のお詫びはしなければならないが、一万円の商品でお詫びをするとはどういうことだ。もらったお客様だって三〇〇円のクレームに一万円のものが送られてきたらどう思うか？　困るのではないか？　お客様も唖然とするでしょう。

お詫びというのは単にすればいいというのではない。過度な反応は不必要、誠意が伝わるお詫びを考えればいいのです」

「社長引退」宣言とリーダー論

柳下は、平成一六年の上期幹部会議の経営方針演説の中で、「代表取締役からの引退」を明言している。

来年度から順次、現取締役に退任していただき、最終的には一〇年後にすべての取締役は交代いたします。私もちょうど一〇年後に社長を退任いたします。そして会長として会社に残ることもいたしません。だから、これからの角上魚類を担うのは皆さんです。

この後、会社設立三〇周年の祝賀会で行われた記念講演でも、節目の決意として引退までの年数をカウントし、

「社長をやっている限り市場へ行き店舗を回り、皆さんと一緒に頑張りたい。皆さん、ぜひ力を貸してください。皆さんと一緒に、角上魚類をさらに発展させていきたい」

と力説した。

筆者は平成一四年から幹部会を傍聴してきたが、社長の経営方針演説の内容は、社長引退を初めて発表した平成一六年から明らかに変わった。魚の値付けや目的意識の向上などのコーチング的内容に加えて、「リーダー論」が折々に語られるようになった。これはもちろん、引退を意識して社内体制をいち早く整えようというものだろう。伝えることはすべて伝えていきたい――その気持ちが年に二回の幹部会で熱く語られ、また柳下流「リーダーの心得」を文書化して明記することで（後述）、店長・副店長以下、すべての従業員に浸透するよう配慮したものといえる。

一方で興味深いのは、この引退宣言から数年の間、次期社長は全くの白紙であったことだ。角上魚類には柳下の長男・柳下浩伸がおり、販売の現場である店舗で他店と競争し、しのぎを削りながら関東商品課、専務になってからは営業統括本部（長）と、各部門を渡り歩き、実力をつけてきた。親であれば子ども可愛さで、後継ぎはすぐにも柳下浩伸をと推すところであろう。しかし、日ごろから「公平、公明、公正」を唱える柳下は、〝新時代を担う力〟を自然発生的に隆起させようと考えた。

平成一九年上期幹部会で、柳下は力説する。

私も期限付きで角上を去るわけですが、その間に次期角上魚類を継承してくれる取締役の方々を、皆様の中から選んでいかなければなりません。ぜひとも「次の角上の取締役、専務、常務には私がなるんだ」と、「我々の力で支え、引っ張っていくんだ」という気構えを持って、仕事に取り組んでいただきたい。皆さんならできます！

店長や商品部、営業部の幹部が揃う会議で、この後も栁下は発破をかけ続けた。次世代の思いと行動に、大きな期待を込めてきたのである。

こうして一〇年という区切りを設けたが（実際は準備期間延長を理由に二年追加して、一二年後＝平成二九年春の引退となった）、長年カリスマ経営者として指揮をとってきた栁下だけに、早い時期からの「引退宣言」は、一つ間違えれば組織を不安定にさせるものではなかったか――。その疑問に栁下は、「世代交代は必ず通る道、やるのなら思い切ってやりたかった」と答えた。

「引き際を発表することにしたのは、自ら『退路を断ったほうがいいのではないか』と思ったからです。人に惜しまれているときに散ることが自分の美学、桜の花のように美しいうちに散りたい。私はこのまま何歳になってもずっとやっていけるだろうけれど、ずるずると社長の座に居残ることはしたくなかった。そこで引退を明言することにした。

ただ、期限を決めようが決めまいが、私は日々、社長の役割を精一杯全うするだけ。そうすることで、次代の角上魚類を背負う者たちが『自分たちもやらなきゃだめだ』という目途を立てる。私が退く際は、私と共にやってきた取締役もいっしょに身を引き、平成二九年からは新しい社長のもと、まったく新しい組織で運営してもらう。

そういうほうが皆、やりやすいと思った上でのカウントダウンでした」

引退宣言から一〇年あまり経ち、現在決まっているのは新社長だけである。結果的に、その新社長は実子である柳下浩伸・現専務だった。仕事に対する意欲や実績はもちろん、柳下が求め高めてきた〝魚屋の価値と継続〟を観点とした経営術を最も理解している人材である。これは誰にも異論のない選出であった。

ただし、浩伸が社長になってからの経営陣は未定。今後も引き続き、候補に挙がった社員一人ひとりの実績や人柄に注視しながら、柳下自らが決定していくという。

「周囲から『なんであの人が？』という人事になるかもしれません。でも、新社長に近しい者だけで固めるのもよくない。できるだけ仲良し内閣にならないように選出したいと考えています」

これまで会社の発展のため、顧客満足度向上のため、寸暇を惜しんできた栁下は、まるで泳ぎを止めると死んでしまう魚のようにも思える。そんな人物が社長を退いてその後、どう暮らしていくのか？　会長職に就かないというのは、引退宣言当時から明言している。

「社長を辞めても筆頭株主ですから、会社には関わります。とはいえ、営業について口を出す気はない。ただ何もしないでボケっとしているのは嫌なので、店だけは時折見て回る。仕事として見てああしろ、こうしろという指示は出さないけれど、自分の感じたことを意見として、次の上層部に助言したいとは思っています。つまりは、『お客様の立場、目線』でね、まぁ、今やっている店舗巡回と同じですが（笑）」

栁下は心底、店が心配なのだ、という。これは単なる〝自分の居場所探しのための視察ではない〟と。

「やっとここまでお客様からの信頼を築いてきた店が、ちょっとしたきっかけで崩れていくのが心配なんです。もちろん、商売が未来永劫に繁栄していくことはないと思っていますが、それでも時代の変化に対応して、これまでの実績を保ってほしい。小さなほころびがないかを常に、気にしていきたいのです」

「リーダーの心得」を全社員に浸透させる

柳下が社長引退を明言して以降、幹部会では折々に「リーダー論」が語られるようになった。

平成一六年上期、先に紹介した「引退宣言」に続いて、柳下は「自己啓発はリーダーの必須条件」と説く。

いま各店長のレベルは上がっています。そのおかげで店も維持できているのです。

ただ心得ていただきたいのは、まず皆さんが自分自身で一所懸命勉強して、リーダーとしての資質を磨き、皆を指導する意気込みを、やる気を持つということです。「リーダーの心得」ということで、私なりに具体的な項目を挙げてみました。ぜひこれを念頭において実行し、自己啓発に励み、角上魚類を率いていっていただきたいと思います。

後日、「リーダーの心得」は文書化され、全社員に配布された。以下はその全文である。

「リーダーの心得」

一、変化を嫌い、マイナス思考になるな

何事に対しても「できない」「無理」「今のままでよい」と逃げるな

今やっていることを、どうすればもっとよくなるかを考える。何事も「できるんだ」「やらなければならない」という気持ちで取り組む。

二、部下にはきちんと注意する、叱る、誉める

部下の欠点を直してやる。感情を表に出して叱る。心から喜んで誉める

結果に対してただ「だめだ」と言って終わるのではなく、一人ひとりの欠点を把握し、指摘することで直させる。また叱る時、誉める時も同様に、表面的な言葉でなく心をこめて伝えるようつとめる。

三、部下に命令する、報告しろときちんと言える

部下の嫌がる仕事、苦手な仕事でも「やれ」と命令する、報告させることに遠慮をするな

「命令」は「いばる」こととは違う。上司として相手にきちんと仕事をさせるための言葉が「命令」である。

四、決断は早く、行動は迅速に

部下の提案や要望にはすぐに答える。動作はテキパキ、歩くときは早足で

上司の行動・言動を部下は見ている。社員の活きのよさは、魚の鮮度にも反映すると心得る。

五、問題発見、工夫改善を考える

今やっている仕事や部下に対して問題はないか、もっとよい方法はないかと考える習慣をつける

日ごろから問題意識を持つ。最良と思えても「工夫する点」「改善する点」はいくらでもあるものだ。

六、経営者意識を身に付ける

会社の方針、戦略を理解する。会社にとっての有益、有利を常に考える

社長に代わって社員を指導する。常に、店にとって有益なこと、有意義なことを考える。

七、部下の評価は公明、公平、公正に行う

優秀な部下、劣る部下の差をハッキリとつける。悪いところをきちんと指摘して直させる

自分の感情でなく、公平・公明・公正に部下を評価する。

八、明るく大きな声でハッキリと話す

まず自ら明るく気迫のこもった声で話し、部下全員もハッキリと話せるようにする

ぼそぼそ話している朝礼が多い。まず店長から大きな声で。大きな声はリーダーとしての第一条件である。

これらの項目を見ると、そのほとんどが「行動力や意欲を自ら向上させ、仕事にあたれ」という内容である。自分のやる気次第で、リーダーの資質は大いに養われるということだ。この中で難しいのは、「部下を叱る」というものだが、ただ感情的になるのではなく、「叱る」時には「心をこめて伝えよ」と導く。

角上魚類の前身である柳下商店時代、若い従業員二人が相次いで夜逃げをしたという柳下の苦い経験は、第二章で述べた。また柳下の父が三人いた年配の従業員のうち一人を厳しく叱ったら辞めてしまった、という現場も、柳下はその目で見てきている。少ない人数がさらに減り、仕事や経営にも影響が出た――そうした体験から「叱り方」には敏感になる。

「叱るというのは戦略的なもの。相手に『お前の悪所はこうだからこう改善しなさい』と教えることです。反して怒るというのは、自分の感情に合わないからといって一方的に怒って責めること。これが叱ると怒る、二つの違いだと思います。

私は職場でよく怒鳴ることから、出入りの業者からも『鬼の栁下』などと恐れられてきましたが、遠慮をしながらの注意では、相手の成長が望めないということなんです」

一歩間違えれば「人格否定」や「パワハラ」とも捉えられかねない「叱り方」。栁下はコーチングについても自己流であるが、「叱り方」がリーダーにとって重要な技術ということを、身をもって体験し、実践してきたのである。

レベルアップのための「問題意識」を持たせる仕組み

年二回の幹部会で、毎回必ず掲出されるフレーズが「問題意識」である。

お客様をさらに喜ばせるにはどうするか？
廃棄や値引きをしない工夫は？
陳列量と方法はよいか？

昨日の反省を今日はどう活かすのか？
自分の役割は何か？（今日はどの魚を売るのか？）

等々、ルーチンワークになりがちな毎日の業務の中で、「常に問題意識を持て」と柳下はことあるごとに社員に言い続ける。

現状に満足せず、何かもう少し改善方法はあるのではないかと、常にそう思っていなければ新しいアイデアなど出てきません。仕事の時は常にこれでいいのか？　このままでいいのか？と追究することが大切。そうした疑問をいつも頭に置いておくことで、ひょっとしたタイミングにアイデアが飛び出してくるのです。

仕事の現場で出てくる問いをいかに重視しているかがわかる。実際、魚の浜焼機で効率化を図り、発泡スチロールの魚箱で売上と柳下商店の知名度を上げた柳下だけに説得力のある言葉だが、かといって「考えることが好き、というのではない」と苦笑いする。

「浜焼機はいかに効率をよくして、人件費と燃費を安くできるか。また魚箱も、せっかくの活きのいいイカが二束三文にしかならない。それでは家業がつぶれてしまうという、必要に迫られてのアイデアですよ。もっと無駄のないやり方はないか、不自由を自由に転換できないかと、日頃から現状に変わるアイデアを求めていた。結局は『危機感』が問題意識の源であり、強く意識さえしていれば必ず改善案は浮かんできます」

ではこうして口を酸っぱくして言っている「問題意識」について、栁下から見て二二店舗の評価はどうか？

「手前味噌ですが、いいと思います。私が二〇年にわたり言ってきたことを、地区長も店長も踏襲していますので、私も店舗巡回の回数を減らしています。

また昔からみれば、社員の考え方もずいぶん変わった。昔はみんな、言われた仕事をやればいいという受動的な感じでしたが、いまは自分から積極的にやるんだという気力を感じる。それぞれ課題を持って取り組んでいます」

しかし、安堵すると同時に栁下もまた、「問題意識」を抱える。

「お客様からある程度の高い評価を得て、角上魚類は今、魚屋の中で一人勝ちのようになっている。けれども、同業他社も黙っていつまでも指をくわえて見ているはずはありません。そうした同業者による〝店舗偵察〟も頻繁に見受けられるし、いくら業績が順調に推移しているからといってあぐらをかいてはいられない。もちろん、うちの営業手法をすぐには真似できないと思いますが、必ず『我々もこうしよう、ああしよう』と挑戦してくるでしょう。早晩同じ土俵での戦いとなる。だからいまのうちに各店をもっともっと高みへ、もっとレベルを上げていかなければいけない。慢心してはだめなんです」

つまりはこれも、危機感からの問題提起なのである。

そこで問題意識を持つために角上魚類が取り組んでいる事例を三つ、紹介する。

一つ目は「年間のキーワード」の設定である。

これは毎年、年頭に発表される、会社全体で取り組む「目標」のことだ。これまでの例を挙げてみよう。

・気力の挨拶（平成一四年）
・役に立つ（平成一五年）
・喜ばれる（平成二〇年）
・変革する（平成二一年）

・より早く（平成二二年）
・進言する（平成二五年）
・予測を立てる（平成二七年）

日頃から店舗、社内の様子を見て、栁下が感じている問題意識から引き出される「キーワード」である。

このキーワードを年間の課題とし、従業員個人の目標と店舗の目標をそれぞれ立て、一年にわたってその実践に向けての取り組みを行う。年末には店舗ごとに実践内容と反省がまとめられ、本社に集められる。「キーワード」は通常の業務に付加される、いわば年間を通した宿題のようなものだ。角上の基本である「四つのよいか」「行動指針」を遵守しながら、さらに個人目標を立て、店舗の目標も叶えていかなくてはならない。

二つ目は、「親切係」の配置である。

親切係とは二〇年ほど前に「案内係」という名でスタートしたもので、「案内係」と記された帽子をかぶった従業員を一店舗に複数名配置、通常業務を行いながらお客の問い合わせに応えるなどしてきた。その後、栁下の発案で「案内係」から「親切係」へと名称を改めたが、この変更も従業員の意識向上が目的だった。

「不思議なもので、案内係は案内するだけにとどまるが、親切係となると『どんな場面でも親切にしなければだめだ』と意識するのです」

誰に帽子をかぶらせるかは店長が決めており、それも日によって担当を変えているという。日替わりで店長から選抜されることで、従業員全員の意識が高まり、責任感も湧く。

お客も親切係には声がかけやすい。筆者の経験でも、ウマヅラハギとニシバイ貝をおろしてもらおうと、本店で近くを通りかかったスタッフに値段を聞いたところ、その様子に気づいた身おろし担当の親切係がバックヤードから飛んできた。

ウマヅラハギはいくら、ニシバイはいくらとハキハキ答えてくれ、その上で、ウマヅラハギの肝醤油の食べ方を丁寧に教えてくれた。文字通り熱心な働きを見せた「親切係」には感動を覚えたものだ。

三つ目は、角上魚類がマーケットリサーチャーに依頼する、店舗調査である。

これは店づくりにおいて「我々の見る目だけでなく、客観的に見たデータがほしい」という考えで、平成二三年から導入、開始したものである。方法としては、リサーチ業務を請け負う会社に雇われた調査員（モニター）がお客を装い、抜き打ちで各店舗を訪れて覆面調査を行う。調査員は来店後、当該店舗の接客や品ぞろえ、清潔度などについて一〇〇問程度の細かい質問項目に沿って回答、詳しい感想も付け加える。

調査結果は二〇〇点満点で算出され、角上魚類直営二二店舗のランキングが一目瞭然となる。このリサーチを、角上魚類では三か月に一度、実施する。

各店それぞれ獲得点数にばらつきはあるが、二〇〇点満点で一六〇点は低いほう、ほとんどの店が一八〇〜一九〇点を獲得している。しかし、点数が高いからといって安心してはいられない。この結果は社内ＬＡＮで誰もがいつでも閲覧できる仕組みになっているので、「あの店に追いつけ」「追い越されるな」と競争意識が働いて、各店の士気も高まる。点がよかったからと天狗になっていると、次の調査でランクダウンすることにもなりかねないのだ。

また、モニターとして派遣されているのは一般消費者であり、その評価は言わば「お客様の生の声」である。したがって、評価の低い項目については店内会議の議題にのせて改善点を探り、実践する。調査項目には「その日、店内で輝いている人、よかった人、まったく悪かった人」と、実名での記入欄もある。店長、副店長はそれを把握し、人材配置の変更や指導・教育の手法の転換も考える。

こうして、抜き打ちの覆面調査をいつ実施されてもいいように運営していけば、つねにサービスを向上させようと意識し、それが店のスタンダードになる。店舗調査を始めて四年、お客様に対してなお一層、気遣う環境ができ上がっている。

経営で一番大切なのは「節約」

平成二〇年の下期幹部会では、店舗運営の基本を大事にしてほしいと訴えながら、「〝もったいない〟の心を〝改革する気持ち〟に変えよ」と、静かに丁寧に、語りかける柳下の姿が印象的であった。

昔は「もったいない」という言葉がありました。昭和二〇～三〇年代、戦後はモノが足りず、モノを無駄にしないという生活でした。あるものを無駄にしないというのではなく、モノがない中でいかに効率よく節約できるか、ということを考えていた。

それが昭和四〇年代に入り景気がよくなると、「消費は美徳」と言われるようになりました。使うことは美徳だということで、無駄遣いとまではいかなくても大量に使うのがよいということになった。今、ここにいる店長や副店長の多くは、そういう時代に生まれ育ってきたと思いますし、ややそのような考えがあるのではないかと思います。

そういう皆さんからはケチと言われるかもしれませんが、私は何をするにも「もったいないなぁ」と思う。

自ら「社員からケチと言われるかもしれない」という柳下。昭和一五年生まれで、終戦後のモノのない時代に育ったため、なんでも大切に食べ、モノを大切に扱った。

「子どもの頃に一番おいしいと思ったのは卵かけごはん。昭和二〇年代半ばでも卵は一個一〇円の希少品でしたから、病気にでもならないと卵など食べさせてもらえませんでした。たまに卵かけごはんが食べられるとなると、溶き卵に水を入れ、かさ増しして、ご飯二膳ぶんにしたものですよ（笑）」

そんな柳下の、社内での節約法はいくつかある。

まず、一番象徴的な例として挙げられるのが、本社事務所の照明だ。デスク一つひとつの上に蛍光灯が吊り下がっており、社員は席を離れるごとにスイッチを消す決まりになっている。役所や工場などでは珍しくなく、また高度経済成長期から昭和六〇年頃までは一般企業でも採用していたスタイルだが、見た目重視の時代に入り、オシャレな天井固定式の照明器具が登場してから、その姿もずいぶん減ってきた。

実は本社ビルの建設当初、事務所にはフロア全体をまんべんなく照らすよう、天井の端から端まで埋め込み式の照明が付いていた。しかし、竣工し新事務所が稼働してまもなく、栁下は人のいない部屋の端々までを照らす蛍光灯に違和感を覚えた。

そこで、埋め込み式の照明はそのままに、各々の机の上に蛍光灯を吊り下げる工事を依頼した。

「新築した直後の工事で七〇万円弱が余計にかかってしまい、人からは『そのまま埋め込み式を使ったほうが安く上がるんじゃないか』とも言われましたが、そうではなかった。三か月も経ったら、電気代が安く済んだおかげで工事代が出たんです。

以来、埋め込み式照明を点灯するのは年に一回、年末の仕事納めの終礼の時だけ。だから普段のうちの事務所はどこも暗め、終戦後の事務所のような様子ですよ（笑）」

年商三〇〇億円という企業の本社事務所でありながら、応接セットの上ですら吊り下げ式の照明である。来客からは「ずいぶん徹底して節約していますね」と苦笑されることもあるという。

また柳下は、社内での電話代にも目を光らせる。どの部署で一通話一〇分以上の通話がなされたかということを、経理課が月報で知らせる仕組みにしている。一〇分以内なら名前は出ないが、一〇分以上になるとどの部署のどの番号がどこにかけたかが公表されるのだ。私用電話などもってのほか、仕事の電話であっても「一回三分で用件を済ませよ」が鉄則である。

「私に、公衆電話の感覚が残っているんでしょうね。昔の公衆電話は一〇〇円玉でかけるとおつりが出なかった。長距離電話で通話に一〇〇円以上かかると思っても、先方の担当者がいなければ切らなければならず、お金が無駄になる。それが嫌だから一〇〇円玉を一〇〇円玉に両替してかけたものです」

そんな感覚だから、事務所で目の前の社員が長電話をしていると気になって仕方がない。部長職でさえも店舗にかけて長々しゃべっていると、柳下からお叱りが飛んでくる。

「店の者を相手に、何をだらだらお説教している？　向こうだって仕事中なんだ、要点、結論、指示を簡潔に話せ！」と。

そして魚屋といえば、かかるのが水道代。

これも電気代や電話代と共に、社内ＬＡＮで二二店舗それぞれの使用額を知らしめる。そうすることで各店長たちが、他店における売上と経費のバランスを参考にしたり、自店の経費を他店と比較して見たりすることができる。翌月はうちの店も水道代を減額したい、ではそのためにどこを注意するか？など、自発的な節約行動が生まれてくるのである。

頭ごなしに「おまえのところは無駄遣いして」と叩くのではなく、数字を可視化して納得・実行させることで、全社で同じ倹約ムードを維持し、経費を削減するやり方なのだ。

こうした節約を行う中で、柳下が現代の若者に感じていることがある。

「薄利多売の時代に育ち、欲しいものはほとんど苦労せずに手に入るので、まず『もったいない』という気持ちが湧かない。我慢しようという、こらえ性もない。またゲーム機の普及により子どもたちのコミュニティが小さく、狭くなったことで、想像力や工夫する力が欠如してきたと感じますね。

ゲームをする手の動きが早く電子機器に詳しいので、パソコンなどを操作するのにはいいのだろうが、お客様相手の〝生きた現場でどう動くか〟という点では、どうかとも思う。

電気や水道をつけっぱなし、流しっぱなしにしたらどうなるのか、経費の増減で会社経営はどうなるのか、といった想像が働かないのです」

実は柳下の経営論で何より大切だと信じていることが、この「節約」なのだという。光熱費を無駄遣いしても社員の懐は痛まない。しかし会社の金は間違いなく出て行っているのだ。必要経費だからと気を緩ませて無駄遣いを放置しておけば、そのツケはいつか積み上がり、経営を揺るがす大事になりかねない。懐が痛まなかった社員が、職を失う事態にもなりうる。

まさに「蟻の一穴天下の破れ」を心配しての、柳下のケチぶりなのだ。

「その一穴をみんなできちんと締めていくことが、会社を守るということ。小さな金でも無駄遣いをしないという精神が会社の伝統になって、次世代へ受け継がれることを願っています」

もったいない精神から生まれた栁下の倹約意識ではあるが、実は栁下は同時に、使う人でもある。

平成一六年の下期幹部会で、「経費には攻める経費と捨てる経費がある」と説明している。

「攻める経費」と「捨てる経費」

「攻める経費」は、従業員間のスムーズなコミュニケーションづくりのために使う費用、また、効率アップのための工夫などに使う経費。

「捨てる経費」は、便利で得をする仕組みがあるのに、面倒がって導入しなかったために、結果的に損をした経費。

吊り下げ式蛍光灯の事例を紹介したが、あれは「攻める経費」の好例だろう。

角上魚類といえば、お膝元の新潟県内で流れるテレビＣＭ『舟を担いでどこへ行く？編』が有名である。「わっしょい、わっしょい、角上！　角上！」と、法被を着た大勢の男女が、寺泊から角上魚類の直営店がある関東各地へと神輿を担いで行く内容だ。これは、複数の広告代理店によるコンペから決定したもの。出演者の数やロケ地の多さから制作費が一番かさむのがこのＣＭ提案だったが、栁下は「制作費は一番高いが効果はある」とした自社の広報担当者の意見を通し、この映像を制作した。

また栁下は各店舗と本社を結ぶ、会社の基幹となるＩＴシステムを、平成一六年に三億円をかけて整備。本社はもちろんどの店にいても、各店の時間帯別売上やその日の売れ筋商品が瞬時に把握できるほか、各店に設置したモニターから売場の様子や在庫数までをハッキリと見ることができる。それを画面上で確認した上層部が各店舗に電話し、指示や檄を飛ばしている。

こうしたシステム導入による各種数値や運営手法の可視化は、ここ一〇年の売上の伸びに大きな影響を与えたといってよい。躊躇なく高額投資した栁下の狙いに、間違いはなかった。

このような「攻める経費」は、人件費にも注がれている。

一年後の平成一七年下期幹部会では、「できる人には大きな報酬を与えるべき」とし、〝パート従業員の適正賃金〟とは何かを説いた。

最近、パートさんがなかなか集まらないと聞きます。時給はどの店も八〇〇円、八五〇円とのことです。それでも集まらなければ、時給を一〇〇〇円にしてもいいと私は思います。すると今勤めているパートさんの時給も上げなければいけない。私は実際に各店を視察してみて、社員もパートさんも戦力としてほぼ互角だと思っています。それなのに社員の時給からみると、パートさんの時給はぐっと安い。これからはパートさんの時給をもっと上げて、社員、パートの格差をなくし、仕事ができる・できないで差をつける仕組みを作っていくことも大切です。

何よりも、「ぜひ角上に勤めたい」と思われる会社にしなくてはいけないのです。その第一の条件が、待遇です。パートさんでも仕事のできる人には一二〇〇円でも一三〇〇円でも払えばいい。仕事のできる人にはそれなりの報酬を与え、そうでない人の報酬は上がらないということでも仕方がないと考えます。今後はパートさんの給料を見直して底上げした中で、店長、副店長が社員一人ひとりに、「あなたは今日どんな仕事をするのか、明日何をするのか」という仕事の目標、数値目標をきちんと提示する。社員やパートさんは朝、自分の家を出るときにはりきって、「今日はこの仕事をするぞ」と、うきうきと躍動した気持ちで会社へ向かう——そういう状況をぜひ、店長、副店長につくっていただきたいと思っています。

実際にこの後、関東圏の店舗ではパートの時給は一二〇〇円台となり、経済規模が関東各県に劣る新潟県内の店舗においても、東京都の平均時給である一〇〇〇円弱と同等のレベルでパートを雇用している。

「人が『ここに勤めたい』という第一の条件は待遇」と柳下が語るように、角上魚類の店頭に「パート募集」のチラシを貼ると、「ぜひ勤めたい」という人材が集まってくる。ところが働きたいという人の多くは、店に電話をしたり店長を呼び出したりする前に、店で働く従業員にこんなふうに声をかけるという。

「時給一二〇〇円以上は魅力だけれど、仕事の内容は自分でもできるのか？　キツイのではないか？」

近年、ブラック企業だとマスコミで叩かれている外食産業の店舗従業員も、時給は平均一一〇〇～一三〇〇円。角上魚類も時給が高いぶん、ブラック企業並みの厳しいシフトや仕事内容なのではないかと心配しているのだ。

もちろん仕事なのだから、時給の対価として従業員は責任感を持って働かなくてはならないが、こうした心配を背負って店舗業務に就いた従業員はまもなく、それが取り越し苦労だったことに気づく。

先の平成一七年下期幹部会で、栁下はこう続けた。

（社員やパートがうきうきと躍動した気持ちで会社へ向かうためには）店長、副店長が、社員やパートさんの一人ひとりとコミュニケーションがとれなければなりません。ぜひとも店長、副店長には、皆さんが「角上で働いてよかった」と、働き甲斐を感じる店づくりをしていただきたいと思います。

パートやアルバイトとして角上魚類の店舗運営に携わったことのある人が口にする言葉

に、「角上の社員・従業員はみんな、親切で誠実さがある」というものがある。だから「安心して働ける」とも言う。

平成二七年秋に新規オープンした越谷店（埼玉県越谷市）では怒涛のようなオープニング期間を乗り越えたが、新規に採用された大勢のパート従業員からは「あまりの繁盛ぶり、忙しさに驚いた」という率直な感想と共に、「職場に丁寧な指導や、やさしい心遣いがある」という声が聞かれた。柳下が願う「店舗内でのコミュニケーション、そして働き甲斐を感じる店づくり」ができている証、であろう。

「攻める経費」＝「社員や従業員が納得できる対価」が基礎となり、それに見合った仕事内容と充実感、達成感が、店舗の快適さにつながっているのである。

このほか柳下は過去に、年間予算を達成した優秀店には社員・パート共に、一人につき五万円の報奨金（平成二四年度末は計一五〇名、総額七五〇万円）、恵方巻のシャリ台を工夫して成果を上げた二店舗の店長にそれぞれ五万円の報奨金を授与している。

また平成二六年三月期に利益が一三億円を突破した祝いとして、一人につき一〇万円の現金を「感謝」と書いた封筒に入れ、社員、パート、役員にも一律に配布（当時約八〇〇人で、総額八〇〇〇万円弱）。さらに同年暮れの一二月二九日から三一日の大晦日、翌平成二七年の元日から一月三日の六日間のうち三日以上勤務した従業員には、その六日間で大幅に売上が伸びたということで、一月一五日にお年玉として一人五万円を支給した。

「このお年玉についても、役員から社員、パートに至るまで、全員一律で渡すように指示しました。年末年始営業は重役だから休みなどということはなく、私をはじめ取締役も、全員出社し通常業務であたりました。肩書がどうのではなく、皆が平等に同じ難儀をして仕事をしているのです。もちろん私自身も、特別手当の五万円をもらいましたよ（笑）」

「感謝」の一〇万円も「お年玉」の五万円も、栁下の独断で突然、経理部長に指示を出したものだという。役員でさえ知らされていないサプライズの贈り物に、誰しもが驚き、喜んだ。

こうしてお客を喜ばすことと従業員を喜ばすことは、栁下にとって同意（イコール）なのだろうか？

「同じという考えではないですね。お客様はお客様、社員や従業員はまた別です。

これはどういうことかといえば、私がどんなにいい店づくりをしよう、いい魚を売ろうとさまざま考えても、私一人でお客様全員に接客できるわけではない。お客様に直接サービスをするのは、社員や従業員の皆なのです。ですから私が『お客様に気持ちよくなってもらいたい』と思えば思うほど、社員や従業員の皆を喜ばさなければいけない。『私があなたたち（社員・従業員）を喜ばせるので、あなたたちはどうぞ、お客様を喜ばせてください』と。そういう気持ちなんですよ」

実は角上魚類は過去に、経営コンサルタント会社の指導を仰ぎながら、株式上場を目指したことがある。

しかし平成一七年、一部の投資家たちの「会社は株主のものである」発言が世間をにぎわせると、柳下は上場をすっぱりと取りやめた。「会社は社員とお客様のもの」という、自身の信条に添い、決断したのだ。そうした想いの一端が、こうした社員へのねぎらいに結びついているのだろう。

柳下の「社員サービス」は、儲かった金を分配するだけにとどまらない。

たとえば勤続五年の社員を招くハワイ旅行では、旅行代理店が行うのは空路のチケット手配だけ。現地での食事場所やオプションツアーの取りまとめ、バスの手配まで含め、すべてのスケジューリングを柳下が行う。柳下本人がハワイの空港で二〇名を超す参加者を出迎え、それ以後の四泊六日のアテンダントも柳下が行う。夕食はステーキや中華など、毎晩違う空間と料理をコーディネートする。旅費（飛行機、食事、移動、ホテル代）は会社持ち。社員は小遣いだけを用意し、スキューバダイビングにスカイダイビング、海水浴などを楽しむ。希望があれば柳下が夜の町も案内し……と、至れり尽くせりなのだ。

「どうすれば社員のみんながワッと喜びを感じるかな、と。せっかくだから『来てよかった』と思ってもらいたい。そのためにレストランやレジャースポットを下見して、喜んでもらえるプランを組み立てる。参加者の期待以上のものを思い出として残してもらうために、私は全力を尽くしますよ（笑）」

柳下自身、仕事も遊びもどちらも一所懸命、という性格である。「攻める経費」は何事にも手を抜かない、いや、抜きたくない気持ちの表れなのかもしれない。

小さな無駄というのは常日頃出てくるものであり、これを見逃すと累々と積み重なって、気づかないうちに大きな無駄となる。小さい無駄は、油断の積み重ね。一方、攻める経費で使う大きな金は一時的なものだから、出費は一時的なものなのだ――。

「値引き」はお客様への裏切り

角上魚類の店舗を閉店間際に訪れると驚くことがある。角上には「値引き」された生鮮商品がほとんどないのである。

平成二二年上期幹部会で柳下は、「角上で年額一五〇〇万円分の刺身を廃棄処分」したことを挙げ、「これは社会悪であり会社への背信行為」と訴え、対策を促した。

なぜこのような廃棄が出るのか？　これは皆さんが「閉店まで品物を切らさず品揃えをしよう」と考えた結果なのかもしれません。しかし夕方五時に商品を切らすのはいけませんが、六時を過ぎて品物がなくなったものは売り切れでいいのです。閉店まで全商品を揃えておこうとするなら、当然、値引きも出ますし廃棄も出ます。値引きで売れればまだいいほうで、六時頃でも品物が豊富にあれば廃棄は多くなります。

ここで考えてみてください。夕方六時以降から徐々に欠品したほうが逆に、お客様には「あぁ、この店は、寿司・刺身・魚はその日のうちに売り切ってしまう店なんだな」と、ネタへの新鮮味、店舗づくりへの信頼感を与えないでしょうか？

これを受けて、各店では夕方になると寿司・刺身づくりをセーブし始めたのだが……今度は売り切りたいあまり、閉店七時のところ六時過ぎには早々に欠品する店が出てきたのである。

栁下は半年経った同年秋の幹部会で、値引きについての改善案と同時に、「親切心をプラスせよ」と注文を付けた。

毎日、午後四時一〇分と六時一〇分に、寿司・刺身の売場をカメラ動画で細かく見させてもらっています。これにより値引きや廃棄に、皆さんの努力が反映しているのがわかります。逆に、六時一〇分に、早々に売場が空っぽになっている店もあり、少々考えさせられます。魚屋として商品を売り切ることは大切ですが、あまりにも早い時間から売り切れだと「あの店はあてにならない」という評価になってしまいます。私は六時一〇分の段階ではある程度の品揃えがあり、その上でお客様の要望に合わせて寿司・刺身を作れる態勢を取っておいて、お応えするのがベストだと思います。この場合、掲示板でもよく、「本日は売り切れてしまいましたが、ご要望があれば、何分くらいでお作りいたします」と、寿司の売場・刺身の売場に表示しておきます。こういう親切心は大切ですし、値引きやロスを減らす一つの技だと思います。

柳下が値引きに対して抵抗感を持つのは、廃棄につながるからという理由だけではない。まずは「鮮度感を喪失する恐れがある」こと、そして「正札で買ったお客様への裏切りになる」懸念があるからだと力説する。

「たとえば一〇〇〇円で売っていた寿司を、角上では六時半になると八〇〇円や七〇〇円に値引きしているとなったら、私は一〇〇〇円で買ってくれたお客様に申し訳のない気持ちになる。たまたま五、六個残ったからというときは値引きも仕方ないが、恒常的に夕方に割引するというのは、よく他の店ではやっているけれども、わたしはその時間より前に正札価格で買ったお客様を裏切ることになると思います。

そもそも魚屋として、値引きシールを貼った瞬間に鮮度感を失うということに、売場は疑問を持たないのか？と」

魚屋は、魚が活きのいいうちに売ってしまう商売である。夕方、ある程度時間が過ぎると、売れる定番魚は品切れしたものだし、店主も「すみません、売り切れました」と謝って済んだ。お客のほうも、ああそう残念ね、と不満を持たない。どうしても欲しい魚なら、取り置きを頼むなどやり方はある。

ところが、一定の時間に値引きシールが貼られるということが常態化すると、消費者自身の意識が変わってくる。「角上では〇時になると安くなる」と、その時間を狙って来店するようになる。つまり、商品の質よりも価格の安さを意識しているということだ。これでは毎日、気を遣い、技術を上げて仕事にあたっている従業員の士気をも下げることになる。廃棄よりも大変な事態になりかねない。

鮮魚は、ある時間には売り切るものであり、値引きシールを貼るほど残しておくものではないと、柳下は説く。新鮮なものを正札価格で買い求めるお客様を大切にすることが、角上魚類の本意なのだ。

豊かな水産業の文化を絶やさないために

柳下が日ごろ魚について感じていることに、「消える〝魚の四季〟」がある。「なんとか国で、水産業の食文化の保全について熱心に取り組んでほしい」と願う。平成二七年上期幹部会では現代漁業について、こう憂慮している。

ご存知の通り、私も市場に買い付けに行っていますが、今年は非常に魚が少ないです。シケでなくても、魚種や量が少なくなっている。先般もＴＶでやっていましたが、大きな巻網の船が一〇センチか一五センチ程度の小さなサバを獲っているんです。今は漁船も高速化して設備も整っているし、魚群探知機で魚を探して獲りに行く。移動している時にはもう、小さいサバだというのは分かっているし、獲っても何かの餌にしかならないとも承知している。当然、小さいサバは放しておけばどんどん大きく育って、ちゃんと商品として売れるのに、「なぜ、こんな商品にならない小さな魚を獲るのか」とアナウンサーが聞いたら、漁師が、「自分たちがこのサバを獲らなくても、他の船が獲ってしまう」と言うのです。これはサバに限らず、アジやハタハタでもそうです。「自分たちが獲らなくても他の船に獲られる。人に獲られれば自分たちには実入りがない」という発想による漁が、日本全国の海で繰り広げられています。

昔は魚には四季がありました。今頃でしたら日本海には産卵を控えたイワシが寄ってきて、刺網で獲ったものです。それがいまは、できなくなっている。船がどこへでも追いかけて行って、魚を獲るのです。イワシは生まれてから、春になったら日本海に行こうかな、秋になったら太平洋へ行こうかなと回遊するスケジュールを考えていたのに、いまはイワシの生態などお構いなしに船が追いかけて獲ってしまうので、イワシものんびりできなくなった。

そのように、昔は各地域の海で季節によって脂ののった魚を獲ったのに、乱獲してしまい、大きな魚がいなくなってしまったのです。こうして魚がいなくなれば漁師もいなくなり、養殖にしか頼れない状況になってしまいます。

しかも、小さな魚は獲ったとしても、二束三文で買い叩かれるか値段が付かないのである。漁に出るにも燃料代や人件費がかかるわけで、それでは割に合わない。すると漁師の収入がなくなって、いずれは漁師のなり手がなくなるのではないか——。

水産庁の調べでは平成二四年に、漁業就業者の数は一八万人を割っている。この四〇年間でなんと、三分の一に減ったのだという。

ただし、職業や生活に対する価値観の多様化から、就業の場として漁業に注目する都市出身者もいる。国では就業希望者と漁業就業者を募集する企業や地域をつなぐため、「漁業就業支援フェア」の開催や漁業現場での長期研修等を行っている。同年には二〇〇〇人あまりが漁業に就業したという実績もあり、高齢化や人手不足に悩む漁村地域にとってはかすかではあるが、光明が差してきたところでもある。

柳下は「魚離れ」は心配していないと言った。しかしそれも、魚あってのこと。漁業が衰退し魚が獲れなくなるなどという事態にすぐはならない代わりに、漁業従事者が目に見える勢いで増えることも、乱獲で減った魚が一気にその数を戻すこともありえない。

売る側も買う側も水産資源を無駄にせず、おいしくいただくことでしか、漁業の発展を支え、魚の四季を守る方法はない。

震災被害による漁業の衰退を危惧して

平成二三年三月一一日、東北地方太平洋沖地震が発生。これにより三陸地方が甚大な被害を受けた。柳下は「これまで三陸海岸の水産物をたくさん売らせてもらった。その水産者に少しでも役立ててほしい」と、震災翌日に寄付を決意。宮城県・岩手県・福島県の各漁業協同組合連合会とはそれまで取引も面識も全くなかったが、銀行口座を調べ、各々へ一〇〇〇万円ずつを寄付した。

柳下を泣かせた手紙

平成二六年、一〇月下旬。

その日、寺泊の角上魚類本社の四階会議室で――。揃いの赤ジャンパーを着た各店店長

や営業部、商品部の幹部たち七、八〇人が居並ぶ中、平成二六年度下期の経営方針につい
て、栁下がとうとうと語っていた。

・繁盛しているからといって慢心は禁物である
・角上の寿司・刺身の商品開発と、成功体験の振り返り
・「昔ながらの魚屋」という価値観の揺り起こし

など、いつものように原稿やメモなどは一切なしで、約一時間の経営方針演説を熱っぽ
く、確かな口調で進めていく。

続いて、小平店がTV取材を受けた後日譚として、栁下はある番組ディレクターからの
手紙を読み始めた。

小平店ではH店長をはじめスタッフの方々に大変よくしていただきました。お店に
訪れるお客様の「生の感想」を伝えたいと考え、一週間ほど小平店に通わせていただ
きました。時には無理かと思われるような依頼もいたしました。しかし、スタッフの

皆様は、できる範囲で快くご対応くださいました。撮影させていただいたのに割愛となってしまった部分も多くございます。何と感謝申し上げてよいか、言葉がございません。

取材させていただいたビデオテープは、二〇時間にも及びます。中には放送に盛り込めなかったお客様の、こんな感想もございました。

「このお店に来るとどきどきする。胸がトキメクの」と、七〇代の奥様が、チャーミングに笑っていらっしゃいました。お魚屋さんに来て「胸がトキメク」なんて、なんて素敵なことでしょう。

「八年ぶりに田舎から親戚が来る」と言って、お寿司を一〇人前買われていった七〇代のご主人がいらっしゃいました。他にお寿司屋さんがあるでしょうに、と問いますと、「今日は特別な日だから。だから角上」とおっしゃっておりました。「特別な日だから角上」という言葉に、私はとても驚きました。

着物教室をされているという八一歳の奥様がこんなことをおっしゃっておりました。「いつも、着物教室が終わった後に、生徒の皆にブイヤベース（フランスの魚介スープ）をごちそうするの。魚はいろんなものを五種類以上入れなくちゃおいしくならないのよ。ブイヤベースを作る時は、いつも角上さんに来るの。魚の種類が豊富だから。

生徒の皆、私のブイヤベースを楽しみにしてくれているの。だから私もお店が無くなっちゃうと困っちゃうの。だから社長さんに伝えて。このお店を無くさないでねって」

私は、この奥様と売場で三〇分近くお話をしておりましたが、途中から涙がこぼれそうで、堪えるのが大変でした。

取材させていただいた小平店様では、角上魚類が大好きだとおっしゃるお客様がたくさんいらっしゃいました。皆様、笑顔でお話しくださいました。

その笑顔は、お客様のお店に対する信頼から生まれる笑顔だと、私は強く感じました。

番組では割愛になってしまいましたが、このようなお客様が大勢いらっしゃるのだということ、そのことを、栁下様はじめ角上魚類で働く皆様にどうしてもお伝えいたしたく、本状差し上げた次第です。

読み終えて急に、栁下の言葉が消えた。

会議室の一番後ろで方針演説を書き取っていた私は、その空白の数秒に気づき、顔を上げ栁下を見た。

栁下は手紙のコピー用紙を手に、片手の指をそっと目がしらに当てると、その後、備え付けの水差しから水をコップに注ぎ、ぐいと飲みほした。

「これも皆さんが一所懸命頑張ってくれているおかげで、本当にありがたいことだなぁと思います」

やっと、絞り出すようにお礼を言って、栁下は頭を下げた。

幹部会を取材するようになって一五年余り、筆者が初めて聞いた、栁下の涙声だった。

本書では栁下浩三の生い立ちや角上魚類発展のいきさつを追いかけてきたが、エピソードとして読み応えのある〝山あり谷あり〟の、面白味のあるポイントをかいつまんで紹介したに過ぎない。小売店第一号店開店から四〇年という長い年月、その毎日毎日を粛々と「お客様最優先のサービス」に務め、ひたむきに続けてきた角上魚類の本当の意味での苦労や喜びは、もっと地味でささやかな、見栄えの悪い、時には悔しさもにじませたであろう膨大な時間の中に、集約されているのだと思う。

それがわかっている栁下だから、従業員の懸命さ、我慢、チャレンジ、達成感を知っている栁下だから、このTVディレクターの手紙に涙したのである。お客様は見ていてくれる、味わってくれている。だからこそ、このような温かい言葉がいただけるのだ、と——。

反して、こうしたヘビーユーザーの声は案外、店の従業員たちには届いていないのではないか。また、商品を手渡したその向こうには、当然、家庭の食卓や家族のだんらんがあるのだが、日々の仕事に追われると従業員もつい、そのことを忘れてしまうのではないか——。

そう考え、角上魚類の年二回発行の社内報では、「買い手の先にある食卓」と題し、四回シリーズで飲食店や一般家庭にお邪魔し、角上魚類の印象や仕事ぶり、その魚を仕事場や家庭でどう活かしているかを訊ねる取材を行った（平成二四〜二六年）。

ここで、取材記録からその感想を一部、ご紹介する。

取材対象■長野県諏訪市在住Mさん（五〇代女性・主婦／諏訪店をご利用）

※長野県の南信地方に位置する諏訪市は、東洋のスイスと称される観光都市。一部諏訪湖も有しているが魚食には恵まれず、手に入るものは川魚や塩干魚のみ。来客のもてなしの際には、わざわざ料理店に刺身用の魚を取り寄せてもらい、食卓に出していた。

諏訪店がオープンして、日本海の見たことも聞いたこともないお魚が丸のまま、棚いっぱいに並んでいて本当に驚きでした。以後、魚は一匹ものを買って自分でさばき、ひと手間調味したりして食卓に出すようにしています。

うちの子どもたちが小さい頃には、角上でタダ同然で売られていたタイの頭をよく、塩焼きにしました。すると子どもたちが競って食べるんです。おいしいし、タイの形をした骨（タイのタイ）を一番に見つけるのも楽しかったんでしょうね。

大型スーパーなどは一度に何でも調達できて便利だけれど、魚は定番の魚しか売っていない。ワクワク感がないんです。角上のようにタチウオだ、カマスだ、ノドグロだと並んでいると、旬を彩る魚たちは食卓を預かる者の感性を揺さぶりますから嬉しいんです（笑）。

諏訪では角上さんのおかげでどこのお宅も料理のレパートリーが増えて、大げさでなく、食文化は大きく変わったと思いますね。


取材対象■群馬県高崎市在住Sさん（四〇代男性・飲食店経営／高崎店をご利用）

※二三歳で飲食業界へ入り、二八歳で独立。天然魚に地元の山の幸を合わせた個性あふれる料理を提供し、人気を博す。全国津々浦々の漁港巡りをして、魚の目利きには相当な自信あり。「同じように並ぶ魚の中から、確実に脂ののった魚を見極める達人」と、角上の鮮魚主任も舌を巻く。

普段から魚の〝命〟を扱う料理人として、いかに余すことなくおいしく調理するかに尽力しています。角上の売場では一つひとつ、手に取って見させてもらっています。うちは気の抜けない、目と舌の肥えたお客様が多いですし、飲食店はよい食材を探すのが命題なので、角上の新潟便の存在には助けられていますね。なんといっても出モノが多くて、パフォーマンスがいいんですよ。

また角上のスタッフは皆さん活気があって、魚への愛情や愛着があふれていますね。魚のこともよく知っていますので、私もよく『この魚の面白い食べ方はありますか』とヒントをもらったりしています（笑）。そうだ、今夜の珍味、角上で買ったホタテの肝のミルク漬け、食べてみます？

取材対象者■東京都北区在住Kさん（三〇代男性・飲食店勤務／赤羽店をご利用）

※赤羽の人気居酒屋店店長。寿司店での修業経験もある和食料理人で、魚の仕入れ担当者でもある。魚に関しては北海道をはじめ各地からの直送品もあるが、「自分の目で見て選べる魅力があるから」と、角上に足しげく通う。新潟便の入る午後二時には気が逸るとか。

やっぱり角上は、ここいらの魚屋の中では格段にモノが揃っていますからね。新潟のブリだ、カニだとおいしくなるころには、料理人としてお客様にどうやって味わってもらおうかと楽しみになります。また、新潟の魚で珍しいものがあると、鮮魚担当者に『これはどうやって料理すればおいしいの？　生で食べられるの？』といろいろ訊くし、『こうやって食べて』『あんな料理法もあるよ』と掛け合いができるのも角上のいいところだと思います。お店からは、あ、またアイツ来たよ、なんて嫌がられているかもしれないけど（笑）。

角上にあえて要望を、ですか？　うーん、もうちょっと魚種を増やしてほしい、というのは贅沢かな（笑）。

取材対象者■東京都日野市在住Ａご夫妻（七〇代／日野店をご利用）

※日野店の大ファンと公言してはばからないＡご夫妻。日野店スタッフ鮮魚担当Ｔの熱心な仕事ぶりに惚れ込み、ほぼ毎日来店して声をかけ、可愛がっている。奥様は毎日安くておすすめの魚を買い込み、昆布締めや塩麹漬けなどを作ってストック。その料理を囲んでの「割烹ごっこ」は、気の置けない友人や家族から大好評。夜な夜な盛り上がっている。

友人たちの間でも〝角上の午後一時〟は有名。その時間に新潟から活きのいい魚が入ってくるのを皆、知っているんです。うちはほとんど毎日、夫婦で買物に来るけど、土曜、日曜は来ない。ものすごく混むからね（笑）。

鮮魚担当のTくんは、たとえばこちらが気になった魚はすぐ目の前で触ってみて、今日は別のものがいいと薦めてくれたり、上物を取り置いてくれたりする。そういう気配りが嬉しいし、彼の顔を見ると食欲が湧くんです（笑）。もう彼は、うちの食卓には欠かせない人。そんな気持ちにさせてくれた日野店の接客指導は万全だと思いますよ。

また角上で驚くのは、小さなイワシをたった二匹お願いしただけでも『喜んで！』と気持ちよくさばいてくれること。一匹七〇円で一四〇円の買物です。普通なら内臓を取るのにいくら、冊にしていくらとお金がかかるのに、ここはすごい魚屋さんだなぁと感心します。

こんなふうに、買物客一人ひとりに忘れがたい魚との出会いがあり、味がある。そして、日々営まれるお客の食体験を支えているのが角上魚類なのだと、筆者も一消費者の立場から、従業員全員に知ってほしいと願う。

こうしたお客様の声を増やしたい、もっともっと豊かな気持ちで買物を楽しみ、料理を作ること、食べる喜びを味わっていただきたい――。

柳下は魚屋としての習熟度をさらに上げるべく、次の一手を講じた。「角上魚塾」の開催である。

これは平成二四年から始めたもので、一年に一度ずつ、店舗のあるふじみ野市や前橋市の研修センターを借りて開く講座である。聴講者は幹部だけでなく、売場の担当者などから三〇名を選抜。柳下自らが塾長となり、対面売場の作り方や魚の並べ方、氷の量、切り身の値段や高い魚・安い魚の値段の付け方などを細かく説明し、売り方の指導を行っている。

各店の店長などは年二回の幹部会の他、定期的な店舗巡回で直接、柳下から教えを受けられるが、売場担当者が社長に面と向かって教示されるのは初めてということもあり、みんな張り切って書き取りし、真剣なまなざしで耳を傾ける。ことに、営業部が「この人物に勉強をさせたい」と推す、意欲的な人材が揃っているのだ。これまで店長や副店長から又聞きしていた内容も栁下からストレートに解説してもらうことで、さまざまな手法に合点がいくようである。

角上魚塾開催後は、受講者の行動にも変化があると栁下は言う。

「いつもは店長の陰に隠れている副店長が、『今日の売場は私がつくりました、どうでしょうか？』と、身を乗り出して意見を求めてくる。他にも『あんなやり方がある、こんな方法はどうか』と、やる気を見せた社員は多く、私もこの講座の手ごたえに驚いています。もっと早く開催しておけばよかったと、後悔するくらいにね」

角上ではこのほか、技術指導として年に二回、鮮魚担当を集めて魚の身おろしや刺身の造り方などについて実践的な実習を行い、クオリティを上げる。

栁下が思う理想の社員像は、「毎日張りを持って、仕事も遊びも一所懸命やれる人」だという。そういう姿勢は、日々の現場から見えてくるのだろうか？

「パートも含めて八〇〇人、九〇〇人といる従業員の皆さんの仕事ぶりを、店舗視察で全部見られるわけではありませんから、それは難しい。ただし、各店で開く新年会では誰とでも、もれなく話すようにしています。今、自分が就いている担当コーナーのこと、大変なこと、達成感を感じたこと――そういう声を聞くことも、社長である自分の仕事だと思っています」

社員・パートを含めた従業員数は、一店舗につき約五〇名。新年会ではその一人ひとりから酒を注がれ、注ぎ返す。「俺の本当の姿は、酒を飲んでいる時の姿。店舗巡回の俺は、世を忍ぶ仮の姿だ」と、おどけて話す栁下に、ギャップを感じて皆が笑う。親しみを感じて喜んでくれる。そうした雰囲気から栁下は、従業員個人のやり甲斐や、店舗の課題などもすくっていく。

そんな中、大胆にも「私を店長にしてください」とアピールしてくる者もいるという。勇気を出して社長の懐に飛び込んできた人物の実績は念入りに調べられ、内容によっては見事、店長や副店長に抜擢される。ちなみにここ数年ほどの間に、〝自己アピール組〟から店長は五名、副店長は三名が誕生している。

幼少時代から、「なりたくない職業」に魚屋を挙げていた栁下。だが昔と違いいまは、魚を担ぐことも、服が魚臭くなることも、店内で長靴を履くこともない。お客はもちろん従業員にとっても清潔な店舗を求め、実践してきたことで、栁下本人が魚屋のイメージを一新させてきたのである。向上心を持って入社し、上のポストを目指して働く従業員の存在は、栁下の努力の賜物ともいえるだろう。

しかし、お客へのサービス向上にゴールはない。

増加する来店者への、これまで以上の手厚いサービスを行うためにも、「優秀で意欲的な人材は、のどから手が出るほど欲しい」と、栁下は言う。平成二七年の下期から、「全店をあげて、一緒に仕事をする仲間探しをしよう」と声を上げ、現在は従業員が一丸となり、長期雇用の求人活動に取り組んでいるところである。


魚を提供し対価をいただきながらも、ねぎらいやお礼を素直に言ってもらえる仕事――。


商売の中心に「おいしい」というお客の笑顔があるとわかったとき、栁下を包んだのは無上の喜びであった。

「食べておいしいものを、責任をもって売ること。これからもそれに集中し、神経を使っていかなければならないのです」

田舎の小さな魚屋から始まった角上魚類の歩み。以来、魚屋としての本質を変えず、創業から四二年目の平成二八年四月一日、会社分割による持株会社体制への移行を行った。会社は新時代へ舵を切った。次代を担う新社長は実子の栁下浩伸である。新体制で角上魚類がどんな飛躍を見せるのか、未来に思いをはせながら、栁下浩三の薫陶の日々はまだ、当面続くに違いない。

おわりに

本書では、魚離れの時代に目覚ましい発展を遂げる角上魚類の、その人気を支える理由をさまざまに述べてきた。こうして見て、書いてきて、最後に浮かび上がってくるのは次のフレーズだ。

「消費者自身が持つ〝魚食への期待と欲求〟を信じる」

いいものさえ提供すれば、消費者は決して裏切ることなく、魚の扱いを愉しみ、魚食を味わってくれる――栁下はそう信じているからこそ、「四つのよいか」を掲げ、魚を提供する。それが結局は、消費者に受け入れられ、認められる。

インターネットを開き「角上魚類」で検索すると、角上魚類を話題にするユーザー記事が次々と出てくる。

「角上魚類では三〇〇〇円で幸せになれる」

「角上の刺身で久しぶりの家飲み」

「一四一〇〇円に満たない、初めて見る魚を煮付ける。うまい」

中には、「角上に行くとあれもこれもと買い過ぎて困る」という嬉しい悩みも。

創業以来、今日まで続けてきた昔ながらの商法が、今後、若い消費者を取り込んでいけるのかに興味が湧く。併せて、お客へのさらなるサービス向上を目指し、スマホ向けアプリの提供を開始した点にも注目していきたい。

それらをふまえ、

一〇年後、二〇年後の家庭の食卓は？

食材としての魚は、どういう立ち位置になっているか？

——ぜひ目撃したいものだと、いま、期待に胸を膨らませながらペンをおく。

本書の取材・執筆、編集にあたり、多忙な中、定期的にインタビューの時間を取ってくださった、角上魚類ホールディングス株式会社　代表取締役社長・柳下浩三氏には、深く感謝を申し上げます。四月半ばというのにまだ冷え込む新潟の、早朝の卸売市場でのセリ取材も、緊張感の伴う、思い出深いひとときとなりました。

また、角上魚類の「経営」について、客観的な視点での執筆を手助けしてくださった常務取締役・水野博之氏には、心より感謝申し上げます。

また二年にわたる取材・執筆期間にも根気よくお付き合いくださった角上魚類の広報担当・田中博康氏、さまざまなシーンで心を砕いてくださり誠にありがとうございました。

さらには写真家・渡部佳則氏、発刊までをサポートしてくださった編集担当の株式会社ダイヤモンド・リテイルメディア、石川純一・山本純子両氏には大変お世話になりました。ありがとうございました。

ほか、角上魚類への〝愛〟をさまざまなコメントでお寄せくださった消費者の皆様、マスコミ関係者のご協力に、心より御礼申し上げます。

魚天国・新潟の地より、海の恵みに感謝して

平成二八年一〇月　石坂智恵美

［著者］

石坂智恵美（いしざか・ちえみ）

新潟県新発田市出身。大手出版社の雑誌編集者を経てフリーライターに。新潟県をベースに各種雑誌、広告等に執筆するほか、ライフワークとして全国の食品生産者を訪ね取材を行う。平成19年より新潟清酒の名誉達人。酒場エッセイストとしてラジオ番組にも寄稿する。著書に『新潟 長野 食業の現場から』（新潟日報事業社）、小説『飛べ！ダコタ　銀翼の渡り鳥』（東邦出版）などがある。

角上魚類ホールディングス株式会社　公式ホームページ
http://www.kakujoe.co.jp/

写真撮影（各章扉）／渡部佳則

魚屋の基本

角上魚類はなぜ「魚離れ」の時代に成功することができたのか？

2016年11月10日　第1刷発行
2017年1月31日　第3刷発行

著　者——石坂智恵美
発　売——ダイヤモンド社
〒150-8409　東京都渋谷区神宮前6-12-17
http://www.diamond.co.jp/
販売　TEL03·5778·7240
発行所——ダイヤモンド・リテイルメディア
〒101-0051　東京都千代田区神田神保町1-6-1
http://www.diamond-rm.net/
編集　TEL03·5259·5940
装丁————渡邉民人（TYPEFACE）
本文————清水真理子（TYPEFACE）
印刷・製本—ダイヤモンド・グラフィック社
編集担当——石川純一／山本純子

ISBN 978-4-478-09048-0